DORMIR SIN LÁGRIMAS

Dormir sin lágrimas

Dejarle llorar no es la solución

Rosa Jové

la esfera de los libros

Primera edición: junio de 2007
Vigésimo segunda edición: mayo de 2016

Avenida de Alfonso XIII, 1, bajos
28002 Madrid
Tel.: 91 296 02 00 • Fax: 91 296 02 06
www.esferalibros.com

Diseño de cubierta: Juan Carlos Aparicio
Ilustraciones de cubierta: Getty Images
ISBN: 978-84-9734-647-4
Depósito legal: M-20.296-2011
Impresión: Rigorma
Encuadernación: Sport
Impreso en España-*Printed in Spain*

Índice

Agradecimientos 13
Prólogo, por Carlos González 15

PRIMERA PARTE
INFORMACIÓN

Capítulo 1. Todo lo que quiso saber sobre el sueño infantil 21
El sueño es un proceso evolutivo 21
Familiarizándonos con el sueño 23
El sueño prenatal 31
El sueño del bebé de 0 a 3 meses 34
El sueño del bebé de 4 a 7 meses 46
El sueño del niño de 8 meses a 2 años 53
El sueño del niño de 3 a 6 años 62
Conclusión 65
Resumen del capítulo 1 66

SEGUNDA PARTE
EVALUACIÓN

Capítulo 2. Cómo saber si hay un problema 71
Errores de diagnóstico y problemas aparentes 71
1. Error en la interpretación 75

2. Falta de información 77
3. Falta de sincronía 87
4. Hacer de lo normal un problema 92
Resumen del capítulo 2 99

Capítulo 3. Los trastornos del sueño: un verdadero problema 101
Disomnias 103
Cantidad de sueño insuficiente 104
Cantidad de sueño excesiva 106
Alteraciones en la calidad del sueño: apneas y despertares nocturnos 109
Alteraciones horarias 115
Parasomnias 132
Pesadillas 133
Terrores nocturnos 139
Sonambulismo 145
Somniloquia 147
Bruxismo 148
Automecimiento brusco 150
Alucinaciones hipnagógicas, hipnopómpicas y parálisis del sueño 154
Resumen del capítulo 3 156

TERCERA PARTE
INTERVENCIÓN

Capítulo 4. Lo que no se debe hacer 159
Métodos de adiestramiento 162
1. ¿Qué son los métodos de adiestramiento? ... 163
2. ¿Qué métodos «distintos» existen? 166

3. Cómo funcionan los métodos de adiestramiento para dormir 175
4. Secuelas y efectos negativos 200
Fármacos y otras sustancias 210
Resumen del capítulo 4 217

Capítulo 5. Qué podemos hacer 219
Intervención naturalista 220
1. Lactancia 221
2. Colecho 225
3. Actividades responsivas ante el bebé 234
Guía para padres desesperados 238
Resumen del capítulo 5 254

Epílogo 257
Bibliografía 261

Para Sergi y Eduard,
mis estrellas en la noche.
A su luz todo lo aprendí.

Agradecimientos

La autora agradece a Carlos González, Rafi López, Inma Marcos, Ibone Olza, Luis Ruiz, Antonio Sales, Rosa Sorribas y Eulalia Torras sus valiosos comentarios al manuscrito.

También a Carmen Argilés y a Leandro Pérez por animarme a escribir esta obra.

Los testimonios de padres citados en este libro provienen de la consulta particular de la autora, así como de foros públicos de internet. En ambos casos se han modificado nombres y datos de identificación. Damos, pues, también las gracias a los siguientes sitios, y a los padres que los forman, por cedernos sus experiencias: *www.crianzanatural.com*, *www.dormirsinllorar.com*, Centro Médico Gavà Salud Familiar y Centre Mèdic CMS.

Prólogo

El sueño de los niños pequeños se ha convertido, en los últimos años, en motivo de preocupación para muchos padres.

No era así en otros tiempos. En nuestros tiempos dormíamos con nuestros padres durante años (¿dónde si no? ¡Siempre había más niños que habitaciones!). Nuestros padres no esperaban que un niño pequeño se durmiera solo, ni que durmiera toda la noche de un tirón. No nos consideraban sujetos activos, sino pasivos, del dormir; no se decía: «El niño se va a dormir», sino «voy a dormir al niño». Nos dormía nuestra madre en brazos, junto a su pecho (al principio, en su pecho), con un rítmico balanceo y una canción de cuna. Y cuando nos despertábamos a media noche no era el fin del mundo, simplemente nos volvían a dormir.

Pero en los últimos años han cambiado algunas cosas. Así, por puritanismo o en nombre de la higiene se ha prohibido a los padres dormir con sus hijos. Las amenazas son apocalípticas: si una sola vez le consientes dormir en tu cama no querrá salir nunca más (como si alguno quisiera dormir con sus padres a los trece años... Como si alguno se dejase dar un beso a los trece años). Nuestro sistema económico exige que ambos padres se levanten a «golpe de pito» y lleguen al trabajo a la hora en punto, dispuestos a rendir y a comerse el mundo. Y si alguien pretende acostumbrar a su jefe a posponer la satisfacción de sus deseos, llegando cada día un minuto más tarde, se encontrará a fin de mes con la desagradable sorpresa de que se lo descuentan del sueldo y no le renuevan el contrato.

En cambio, cuando es nuestro hijo el que nos necesita sí que podemos ir cada vez un minuto más tarde; incluso nos intentan convencer de que tal retraso es razonable, deseable y beneficioso para el bebé. De este modo, el contacto físico y afectivo entre madre e hijo se ha visto con desconfianza y desprecio, como un vicio que hay que erradicar: «No lo cojas en brazos, que se malcría», «no lo duermas al pecho, que se acostumbra», «no lo atiendas cuando llora, porque llora de vicio», etcétera.

Asimismo, las canciones de cuna están prohibidas, aunque todas las culturas las hayan tenido, aunque los más grandes músicos las hayan compuesto, aunque recordemos aún las que nos cantaba nuestra madre. La misma prohibición ha caído sobre los cuentos para dormir, que ahora han de ser en todo caso cuentos para no dormir, pues está permitido contarlos siempre y cuando el niño no se duerma con ellos y los padres salgan de la habitación dejándolo despierto.

Se ha querido organizar y reglamentar la vida de los niños con criterios de disciplina y eficiencia industrial: alimentación científicamente calculada, horarios fijos, poco contacto humano. El sistema funciona perfectamente con pollos y conejos, ¿por qué no han de engordar también los niños así criados? Y si el niño, ¡oh, sorpresa!, llora, debe ser porque está enfermo.

Y es que el llanto ya no se considera una señal de dolor o una llamada de auxilio, sino, en el mejor de los casos, una enfermedad mental, una alteración de la conducta (otra teoría sostiene que de enfermedad nada, que el niño llora a propósito para fastidiar). ¿Por qué, si no, habría de llorar un niño si no tiene hambre ni frío, si está feliz en su cunita sin que los brazos de su madre le molesten? Se ha dicho a los padres que su hijo tiene que dormir solo, toda la noche de un tirón, desde muy tierna edad. Y el que no lo hace es porque tiene «insomnio», insomnio que le durará toda la vida, por culpa de los padres que le han consentido y malacostumbrado, que no le han sabido «enseñar a dormir».

Los despertares normales de todos los niños son, por una parte, más temidos, pues se les ha puesto la etiqueta de enfermedad (y de enfermedad grave, además), y por otra parte más difíciles de soportar, pues la madre no está autorizada a meterse a su hijo en la cama y darle teta, sino que está obligada a caminar por el pasillo y a acudir cada vez a otra habitación. En definitiva: se ha creado un problema donde no lo había.

Necesitábamos información seria y veraz para despejar esta maraña de mitos y prejuicios. Y esto es lo que nos aporta Rosa Jové en este libro, llamado a convertirse en un clásico tanto para los padres como para los profesionales. En él, las distintas fases del sueño y su evolución durante los primeros años se exponen con profundidad científica y en un lenguaje accesible. Una amplia bibliografía respalda sus afirmaciones y permitirá buscar más información al lector curioso.

Rosa Jové es psicóloga infantil y madre de dos niños, y de su ciencia y su experiencia ha surgido este libro. Pues los buenos psicólogos, como las madres, no aspiran a manipular a los niños, sino a comprenderlos. Rosa ha coordinado durante años la atención psicológica a las víctimas de catástrofes, y esa dura escuela también le ha enseñado algo: que la gente que llora es porque sufre, y necesita atención y consuelo.

Este libro aportará paz y confianza a muchas familias. Su hijo es normal, aunque se despierte, y usted también es normal, aunque lo vaya a consolar. O quizás precisamente por eso.

CARLOS GONZÁLEZ (pediatra)

PRIMERA PARTE
INFORMACIÓN

Capítulo 1
Todo lo que quiso saber sobre el sueño infantil

No conocemos la infancia; sobre las falsas ideas que se poseen, cuanto más se abunda más nos equivocamos. Los más sabios buscan siempre al hombre en el niño, sin pensar en aquello de que éste es antes de ser hombre.

J.- J. ROUSSEAU

El sueño es un proceso evolutivo

La única cosa que conocemos de la naturaleza humana es que cambia.

O. WILDE

Imaginen un bebé de siete meses gateando. A su alrededor, toda la familia, embelesada, admira la adquisición de sus principales metas motrices. Incluso algunos, seguramente la abuela, vaticinan lo pronto que andará porque ha sido muy precoz para gatear. Todos ellos conocen la evolución de los bebés y saben perfectamente que todo niño sano algún día andará. El suyo no será una excepción.

Pero imaginen ahora que alguien desconociera el desarrollo evolutivo. Alguien a quien, siendo de otro planeta, le dieran en adopción un pequeño terrícola. Cuando su hijo empiece a gatear... ¿no se extrañará de aquella conducta que ningún otro humano tiene a la hora de desplazarse? ¿No se preocupará y pensará: «¿Y si no aprende a andar?» Y, sin saber lo importante que es para un niño gatear, le empieza a prohibir realizar aquella acción a cuatro patas (que más le asemeja a los animales que a las personas) y le obliga a deambular erguido (cosa que el niño, al principio, no hace con mucha soltura, tanto que suele llorar de las caídas que se da). Al cabo de unos meses (curiosamente entre los 12 y los 18), y gracias a la dedicación paternal, el niño empieza a andar.[1]

El sueño es un proceso evolutivo. Todo niño sano, aunque actualmente presente despertares frecuentes o algún problema a la hora de acostarse, va a dormir correctamente algún día.

En líneas generales, si conocemos cómo evoluciona el sueño infantil y actuamos en consecuencia, propiciaremos que los niños desarrollen correctamente este proceso y minimizaremos al máximo la aparición de problemas.

Hoy en día se sabe que los esquemas básicos del sueño ya comienzan a formarse antes de que el niño nazca. Hablar por lo tanto del sueño antes del nacimiento nos va a descubrir toda una evolución que se prolongará mientras dure nuestra existencia. El sueño es algo que va ligado a nuestro desarrollo, por lo tanto siempre cambia, pero este cambio no es brusco, sino que se va modificando sigilosamente conforme vamos creciendo y envejeciendo y, al igual que ocurre con nuestro crecimiento o

---

[1] Si les parece exagerado el ejemplo, vean la película de Nicholas Ray *Los dientes del diablo* (1959), protagonizada por Anthony Quinn. En ella, una pareja de esquimales que vive sola y apartada, tienen un bebé que nace... ¡sin dientes! Para los esquimales son vitales puesto que sin ellos no pueden comer las carnes curadas y secas, ni curtir las pieles que les sirven de abrigo, por lo que estos padres piensan que es un castigo divino y se sienten desolados. Cuando a los pocos meses al bebé le empiezan a salir los pequeños dientecillos creen que es gracias a lo mucho que han estado implorando. En ningún momento se les ocurrió pensar que era normal lo que estaba sucediendo.

envejecimiento, únicamente lo notamos cuando hace más tiempo que no nos observamos.

Familiarizándonos con el sueño

Antes de comenzar a hablar del sueño infantil vamos a explicar brevemente el vocabulario básico para facilitar la lectura de los apartados sucesivos.

Tranquilos, comenzaremos con nociones sencillas que ampliaremos en capítulos posteriores.

Los adultos no dormimos durante toda la noche de la misma manera, sino que tenemos momentos de sueño más superficial frente a otros de sueño más profundo; y vamos cambiando de uno a otro varias veces durante todo el tiempo que dormimos.

Veamos:

Cuando empezamos a dormir notamos que nuestros músculos se aflojan y se nos caen los párpados, pero el sueño aún es muy superficial (fase 1).[2] Si en ese momento le preguntan si está dormido usted jurará que tan sólo tenía los ojos cerrados. Y si esto le ocurriera en una clase mientras estuvieran pasando lista, al oír su nombre usted podría contestar: «¡Presente!»

Pero si no pasan lista, su sueño se vuelve más profundo, y si el profesor le llamara para salir a la pizarra, usted no contestaría a la primera. Necesitaría que repitiera su nombre, esta vez en tono más alto (fase 2).

---

[2] La mayoría de autores utilizan indistintamente «estadio» o «fase» para referirse a lo mismo. En este libro también se hará así para agilizar la redacción y no ser tan repetitivos.

Conforme pasa el tiempo el sueño se vuelve más profundo (fases 3 y 4). En esos momentos se pierde la capacidad de respuesta a los estímulos auditivos y táctiles normales y necesitaríamos de un gran estruendo (o del codazo de un compañero de clase) para despertarnos. Nuestra mente está profundamente dormida pero nuestro cuerpo puede moverse. Por eso, en este momento usted podría articular algunos sonidos o palabras, lo que provocaría las risas de sus compañeros o la expulsión de la clase.

Si no sucede nada de todo esto, a continuación, usted entrará en fase REM. La fase REM es aquella en la que soñamos (en la cual nuestro cuerpo está profundamente relajado, casi paralizado, pero nuestra mente presenta una gran actividad). Si su profesor le llama lo suficientemente fuerte puede que se despierte solo, pero seguramente permanecerá unos segundos sin saber qué movimientos hacer.

A todo esto se le denomina *ciclo*. Cada ciclo tiene una duración diferente según cada sujeto y la edad que éste tenga, desde unos 50 minutos en el bebé a unos 90-120 minutos en los adultos. Al terminar cada ciclo, e incluso dentro de las diferentes fases de cada ciclo, se dan una serie de breves despertares (entre 6 y 10 cada noche) denominados microdespertares, y vuelta a empezar. Así hasta unos 4, 5 o 6 ciclos por noche, según la duración de los mismos o lo dormilones que seamos.

Muchos autores lo comparan al descenso por una escalera, en la que cada peldaño sería una fase más profunda del sueño, y por ello se suele representar como en la gráfica 1.

Aunque cada ciclo tiene una duración estable en cada sujeto (es decir, los que hacen ciclos de 90 minutos suelen hacerlos siempre igual), no pasa lo mismo con las fases que integran cada ciclo. Así, durante la primera parte de la noche se da más tiem-

Gráfica 1
ARQUITECTURA SIMULADA DE UN CICLO

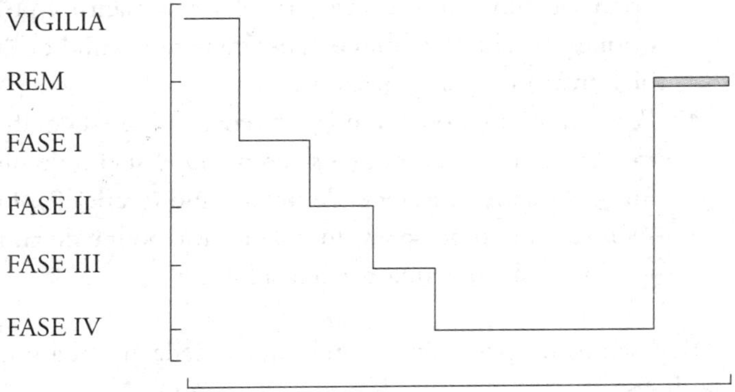

1 ciclo
Niños: duración de 45 a 60 minutos.
Adultos: duración de 90 a 120 minutos.

po de sueño profundo mientras que en la segunda mitad de la noche se incrementa el sueño REM.

Veamos a continuación cómo sería un hipnograma, o gráfica del desarrollo de toda una noche de sueño, de un niño mayor de 7 meses (gráfica 2).[3]

Observen lo siguiente:

- Durante la primera mitad de la noche el sueño profundo ocupa mayor número de horas y en la segunda mitad es el sueño REM el que aumenta.

---

[3] Esta gráfica es una simulación. No piense que todos los niños de esa edad duermen «exactamente» así.

- El número de microdespertares que se dan cada noche. Éstos tienen su razón de ser por motivos de control y de vigilancia (8 horas desconectados del mundo podrían ser muy perjudiciales para el ser humano) y por razones de salud (cambio de postura para la salud de la piel, músculos y articulaciones).
- Pero sobre todo, observen la diferencia entre esta gráfica y la siguiente, en donde se compara el sueño de un niño, el de un adulto y el de un anciano (gráfica 3). El sueño es un proceso evolutivo, nunca podrá dormir igual un bebé que una persona adulta.

Repasemos un poco más a fondo qué sucede en cada una de las fases:

1. *Vigilia*: Se trata del tiempo que pasamos despiertos. Podemos diferenciar entre vigilia activa, cuando estamos más despiertos y predispuestos para el aprendizaje o trabajo, y vigilia pasiva, cuando estamos más relajados, por ejemplo cuando leemos o vemos la tele.
   Vemos (gráfica 4) que son ondas muy rápidas y de poca amplitud.

2. *Sueño tranquilo*: también llamado sueño no-REM (NREM), o sueño lento. Consta de varios estadios:

   Estadio I: es un estado de adormecimiento. Los ojos se cierran, los músculos se aflojan. Si se le despierta, usted tiene la sensación de que no ha llegado a dormirse, pero si se le pregunta por algo no sabe contestar qué pasó con precisión. Las ondas son más lentas y amplias.

Gráfica 2

HIPNOGRAMA O ARQUITECTURA DEL SUEÑO INFANTIL

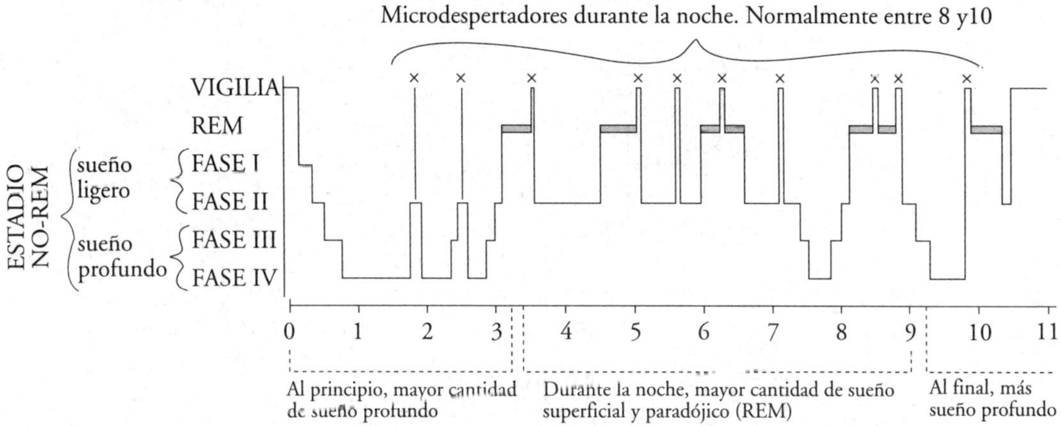

Gráfica 3

ARQUITECTURA ESTÁNDAR DEL SUEÑO DE UN NIÑO, UN ADULTO Y UN ANCIANO

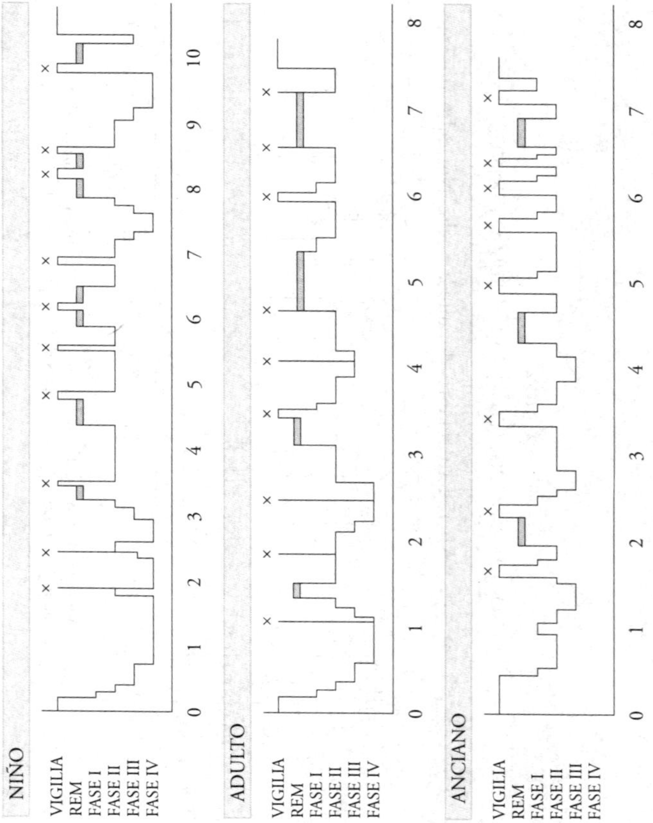

Estadio II: es un sueño ligero. Dormimos, es cierto, pero cualquier ruido inesperado puede despertarnos. Entre el estadio I y II sumamos el 50% del sueño total en los adultos. Es decir, unas 4 horas.
Las ondas son semejantes al estadio I, pero hay unas ráfagas de actividad (ondas más rápidas y de menor amplitud) seguidas de otras mucho más largas y pausadas, llamadas complejos K.

Estadio IV: no, no nos hemos saltado el tercer estadio, simplemente, al ser un estadio de transición al IV, poco se diferencia del que vamos a explicar a continuación. En éste, vemos cómo las ondas son cada vez más pausadas, lentas y amplias. La respiración y los latidos del corazón se estabilizan. Aún podemos movernos, pero nuestros músculos están muy relajados y nuestra mente profundamente dormida.

3. *Sueño REM*: también llamado sueño paradójico o sueño activo. Durante el mismo observamos cómo los ojos se mueven (de ahí el nombre: Rapid Eyes Movement),[4] pero el resto del cuerpo permanece paralizado debido a una atonía muscular. Hay una desconexión entre el cerebro (con una actividad importante) y el cuerpo (sin actividad).
En esta fase tendrán lugar los sueños. Se cree que a través de ellos el cerebro ensaya situaciones y/o asimila las

---

[4] Movimientos rápidos de los ojos. En nuestra lengua también se suele traducir por «sueño MOR» (Movimientos oculares rápidos).

Gráfica 4

DIAGRAMA DE LAS ONDAS CEREBRALES EN CADA FASE DEL SUEÑO Y VIGILIA

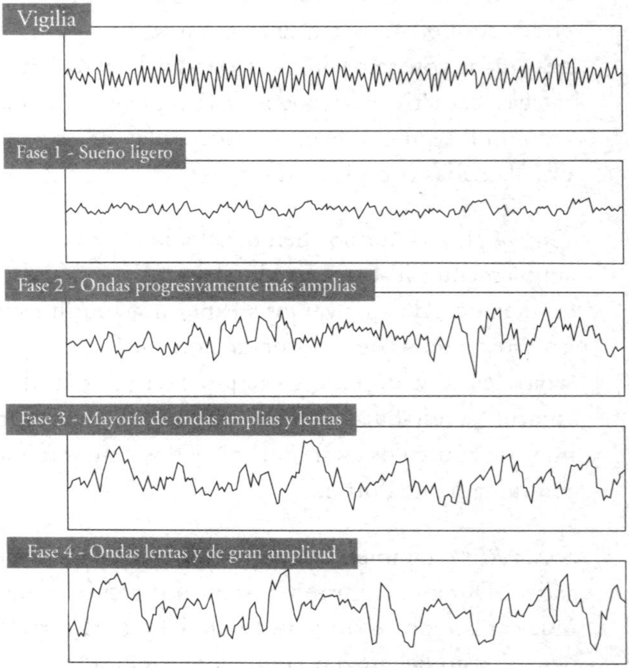

que ya ha vivido durante el día. Debido a ello se instalan nuevos aprendizajes y se superan situaciones angustiosas.

No obstante, todo lo anterior solamente responde al modelo de sueño de un adulto estándar. Y como ya hemos dicho que el sueño es un proceso evolutivo, veamos a continuación cómo se va formando este proceso.

El sueño prenatal

Si piensan que los niños empezaban a dormir a partir del nacimiento, se equivocan. Se ha comprobado que los bebés en estado fetal, sobre todo en el tercer trimestre de gestación, ya presentan momentos de vigilia seguidos de momentos de inactividad muy semejantes a las fases de sueño que tienen los recién nacidos. Es decir, ningún niño tiene que aprender a dormir porque, se lo crean o no, ya nacen sabiendo.

Se han descrito dos patrones de sueño en el bebé antes de nacer:

- Sueño activo.
- Sueño tranquilo.

El sueño activo, es decir, lo que con el tiempo llegará a convertirse en sueño REM, es el primero en aparecer, hacia el sexto mes de gestación.

El sueño tranquilo (que en el adulto se convertirá en las fases I, II, III y IV) aparece algo más tarde, hacia el séptimo mes de embarazo.

Hay autores que incluso fechan la aparición un poco antes de estos periodos. En todo caso, hacia el octavo mes todos los periodos están ya bien establecidos y se van alternando.

Hay dos aspectos curiosos del sueño fetal. El primero es que un bebé intrauterino movidito no es sinónimo de un recién nacido intranquilo y viceversa.

La segunda curiosidad del sueño fetal es que es independiente del sueño de la madre. Nada tiene que ver si la madre duerme o está despierta con los patrones de sueño de su futuro bebé. Es más, la mayor parte de las madres se «quejan» de que los periodos en que más se mueve su hijo en el vientre coinciden con aquellos en que ellas reposan. María, una mamá primeriza contaba lo siguiente:

> Es curioso, pero nada más que termino mi jornada laboral y me dedico unos minutos a relajarme, estirada en el sofá, mi bebé se pone a dar las pataditas más fuertes y numerosas de todo el día. Supongo que cuando se da cuenta que no hago nada debe pensar: «Voy a saludar a mamá». Lo divertido del caso es que también lo hace cuando duermo por la noche.

Hoy en día está bastante admitido que los bebés suelen presentar periodos de mayor movilidad (lo que no implica que estén despiertos) entre las nueve y las doce de la noche. Probablemente sea debido a la tasa materna de glucosa en sangre y a la secreción de cortisol, puesto que este patrón de actividad desaparece una vez que el niño nace.

Otras teorías, de origen antropológico y etnológico, nos hablan de que los bebés primates suelen mostrar menos actividad cuando sus madres corren o están muy agitadas, y que se mueven más cuando éstas cesan sus actividades. Quizás esto se «aprende» de alguna forma en el vientre materno.

Y ¿por qué es así? Pues imaginen dos mamás mono con sus bebés en plena selva, cuando de repente... ¡aparece un león! Las dos huyen despavoridas. En el primer caso, el pequeño primate nota que su madre inicia una gran actividad, se agarra a ella como una lapa, calla, permanece quieto y molestando lo menos posible en la huida. En el segundo caso, el bebé llora y se mueve mucho, con lo que la madre se ve obligada a disminuir la marcha.

¿Qué mona tiene más probabilidades de huir rápido? ¿A quién encontrará antes el león?

El hombre primitivo, del que según los entendidos apenas nos separan cuatro días de evolución (si lo comparamos con el origen de todo), no era muy diferente de esa mona y seguramente conductas como estar quieto ante la actividad de la madre nos han permitido escapar de muchos peligros.

Los bebés, antes de nacer, emplean, a lo largo del día, aproximadamente un 25% del tiempo en un estado de sueño tranquilo y del 60 al 70% en un estado de sueño activo. El resto corresponde a periodos de alerta.

¿Por qué tanto tiempo en sueño activo? ¿Sueñan los fetos? ¿Qué puede soñar un feto?

Si bien en sueño activo o REM es cuando se dan los sueños, en los fetos y recién nacidos no se sabe qué pueden soñar. A lo mejor nuestro cerebro nos da un anticipo de atracciones y sensaciones que aún no han llegado, y nos prepara para reconocerlas en cuanto las tengamos.

Sea como sea, lo que sí sabemos es que algunas de las funciones del sueño activo son las de ajustar las conexiones neuronales, las de reconectar los circuitos cerebrales e instaurar aprendizajes, pues ¡qué mejor época para hacer todo esto que cuando uno se está formando! De ahí que tanto en bebés en estado fetal como en los que ya han nacido, el sueño REM ocupe la mayor parte del tiempo.

Una de las constantes a lo largo de este primer capítulo será mostrarles cómo la mayoría de las necesidades que tenemos en cada periodo de nuestra vida es ayudada, satisfecha o auspiciada por el sueño. Por eso, como nuestras necesidades evolucionan, el sueño también.

En este caso, el hecho de que un bebé intrauterino necesite frecuente estimulación cerebral se corresponde con un incremento de fase REM, que es aquella en la que nuestra actividad cerebral es mayor.

Dormir es una necesidad vital y, por lo tanto, va evolucionando a medida que las necesidades del individuo así lo requieren. El sueño se sincroniza con nuestras necesidades en cada momento de nuestra vida, antes o después del nacimiento, y alterar eso puede producir efectos nocivos.

El sueño del bebé de 0 a 3 meses

«Dormir», «estar en brazos de Morfeo»... como quiera que lo llamemos, es algo especial. Es una necesidad tan básica para vivir como lo es el comer, el beber o el respirar. Por ello, la naturaleza ya se encarga, desde antes de nacer, de que sepamos hacer estas cosas desde el mismo instante en que vemos la luz.

Un bebé, apenas nace, empieza a respirar por sí solo: ese primer aliento nos avisa de sus recién estrenados pulmones. También sabe tomar su alimento, si se le ofrece. De hecho, numerosos estudios indican que si se le deja libre acceso al pecho de su madre, durante las dos horas posteriores al parto, la mayoría de los bebés se prenden solos y correctamente.[5] Y también nacen sabiendo dormir, como ya hemos visto anteriormente.

---

[5] Quizás los estudios más conocidos sean los publicados por la Organización Mundial de la Salud (OMS) en *Pruebas científicas de los diez pasos hacia una feliz lactancia natural.*

Y no sólo saben sino que, según las estadísticas, es algo que practican la mayor parte del día, entre 14 horas los más despiertos y 20 horas los más dormilones.[6]

Los recién nacidos necesitan comer frecuentemente para evitar hipoglucemias (descensos del nivel de azúcar en sangre) y crecer. Recuerden que durante el primer año han de triplicar su peso. ¡Nunca más creceremos tanto de forma natural!

Por lo tanto, no pueden tener un sueño muy continuado y necesitan pequeñas siestas a lo largo de las 24 horas del día para poderse despertar frecuentemente y comer. Si los bebés tuvieran el mismo tipo de sueño que tenemos los adultos sería muy peligroso para ellos. Piensen que los bebés que en los primeros días tienen periodos de sueño excesivamente largos y hacen tomas muy espaciadas suelen ser la preocupación de muchos pediatras. En general, es mejor síntoma de salud el que un bebé sea despierto y comedor que extremadamente soñoliento e inapetente.[7]

Siempre acabamos llegando al mismo punto: el sueño y las necesidades del niño van de la mano, enlazados inseparablemente como eslabones de una misma cadena.

Ésta es la razón por la que vamos a explicar qué requieren los bebés de este periodo (0-3 meses) para ver cómo el sueño se va adaptado a todo aquello que van a necesitar.

---

[6] Se pueden consultar en el siguiente capítulo las tablas horarias de sueño infantil.

[7] La excesiva somnolencia e inapetencia en recién nacidos está asociada a bebés hipotónicos o con patologías relacionadas con el retraso mental, síndrome de Dawn, etcétera, de ahí que los pediatras se preocupen. De todas formas, no siempre un niño soñoliento e inapetente implica un niño enfermo.

1. Y... ¿qué necesita un bebé?[8]

— *Alimentarse frecuentemente.*
— *Mantener la alerta de un cuidador.*
— *Desarrollar la mente.*
— *Madurar.*
— *Ejercitar la succión.*

- *Alimentarse frecuentemente*

  Bastante hemos hablado ya de la importancia que tiene para un bebé el comer frecuentemente para crecer y evitar hipoglucemias.[9] Es por esta razon que los principales organismos en materia de alimentación infantil, tanto a escala nacional como internacional[10], recomiendan que la alimentación en los lactantes sea a demanda, es decir, tan frecuente como ellos pidan y que, bajo ninguna circunstancia, se les retrase innecesariamente la ingesta de alimento.

  Así que ya lo ven, no hay nada peor para un lactante (y en este sentido no se hace diferencia entre lactancia materna y artificial) que pautar las horas de sus comidas. Descarten por tanto cualquier consejo en este sen-

[8] No se pretende hacer un manual de pediatría infantil, tan sólo nombrar aquellos aspectos más importantes que necesita un recién nacido. No es una enumeración exhaustiva, sino orientativa.

[9] En el caso de los bebés amamantados, el comer frecuentemente también ayudaría al establecimiento de la lactancia materna.

[10] OMS (Organización Mundial de la Salud), UNICEF (Fondo de las Naciones Unidas para la Infancia), ESPGAN (Sociedad Europea de Gastroenterología y Nutrición Pediátricas), AAP (Academia Americana de Pediatría) y AEP (Asociación Española de Pediatría).

tido, pues no sólo carece de fundamento, sino que puede resultar perjudicial.

- *Mantener la alerta de un cuidador*
  En poco se diferencian nuestros bebés de aquellos que nacieron hace miles de años. En aquel entonces, los bebés que, separados de sus madres, sabían mantener más la alerta de ésta (es decir, los más protestones) vivían más. Pensemos por un momento en esa época de la historia, la que mis hijos bautizan, contra todo rigor científico, como «edad de los picapiedra», e intentemos imaginar las siguientes escenas:[11]

Escena nº 1:

> Dos bebés picapiedra están con sus mamás recogiendo frutos. Se han dormido y, como están regordetes y pesan mucho, sus mamás se sienten tentadas de dejarlos en un improvisado lecho de paja en el suelo y continuar su labor.
>
> Al poco rato los bebés se despiertan llorando. En uno de los casos su mamá acude enseguida, lo recoge en brazos, lo consuela y se lo lleva con ella. En el segundo de los casos la madre hace «oídos sordos» mientras la mayoría de los depredadores de la zona empiezan a agudizar el oído a la vez que afilan sus hermosos caninos.
>
> ¿Qué bebé tiene más posibilidades de sobrevivir?

---

[11] El doctor Carlos González, con anterioridad a la aparición de este libro, tiene un relato precioso y muy divertido sobre este aspecto que merece ser leído. En él me inspiré para escribir estas escenas. González, C. (2003).

Escena nº 2:

Dos bebés picapiedra están con sus mamás recogiendo frutos. Se han dormido y, como están regordetes y pesan mucho, sus mamás se sienten tentadas de dejarlos en un improvisado lecho de paja en el suelo y continuar su labor.

Al poco rato, el primero de ellos, un bebé muy inquieto y tragón, se despierta llorando. Su madre acude enseguida, lo recoge en brazos, lo consuela y lo vuelve a dejar. Cuando la escena ya se ha repetido varias veces, la madre, mujer práctica donde las haya, decide llevarlo atado a ella para poder realizar su trabajo.

En cambio, el otro bebé, que es de los que si se despierta no protesta, pasa muchas horas sin ver a su mamá, que prosigue su recolección tranquilamente por los campos más lejanos. Mientras tanto, atraídos por el olorcito que desprende el pequeño cavernícola, una jauría de lobos salvajes decide montar un picoteo.

¿Cuál de las dos madres tiene más probabilidades de ser abuela?

Lo han adivinado. Nosotros somos descendientes de ellos, de los protestones, y seguimos haciendo lo mismo para sobrevivir: intentar que nos vigilen mientras somos inmaduros.

Los humanos somos una especie altricial, es decir, que, cuando nacemos, no nos valemos por nosotros mismos, sino que necesitamos el cuidado de otro, en general de la madre. Por ello los niños lloran si se sienten solos, por ello la mayoría de las madres (actualmente también) llevan a sus bebés encima, en brazos o atados a su cuerpo.

Seguramente pensarán que hoy en día esto no es necesario puesto que en nuestra sociedad no hay depredadores y los padres se preocupan de sus hijos. Pues no. Descartando a toda la población mundial que todavía vive en sociedades primitivas, en la selva o el desierto, expuestos a peligros similares, aún nos quedan esos niños nacidos en familias que no se ocuparían de ellos si no protestaran. ¿Acaso piensan que la frase «quien no llora no mama» se inventó ayer?. Por tanto es muy importante tener recursos y mecanismos desde que nacemos para mantener a nuestros progenitores cerca. Uno de ellos es alternar breves periodos de vigilia con otros de sueño.

- *Desarrollar la mente*

Todos coincidimos en que el ser humano desde que nace hasta que es adulto va a desarrollar su mente y su cognición de una forma asombrosa. El hombre es capaz de aprender infinidad de cosas y hacer de su mente y su cerebro una herramienta poderosa.

Para conseguirlo, desde el preciso instante en que nacemos (incluso antes), nuestro cerebro desarrolla conexiones a través de los estímulos que recibe.

¿De dónde saca un recién nacido estas estimulaciones si duerme la mayor parte del día? Pues, además de los periodos en que está despierto, básicamente gracias a su estilo de sueño: superficial (capaz de despertarse ante nuevos estímulos) y con un gran porcentaje de fase REM (aquella en que, a pesar de dormir, nuestro cerebro está más activado.)

- *Madurar*

Imaginad un pequeño potrillo recién nacido: al poco rato o corretea al lado de su madre o está enganchado mamando. Aparte de su tamaño y de su alimentación, hay pocas diferencias a como será de mayorcito.

Pero un bebé humano no. Un bebé humano es muy diferente a un adulto tanto a nivel físico como sensorial o comportamental. Cuando nacemos apenas tenemos unos pulmones a medio estrenar, no sabemos andar, ni hablar (muchos padres darían lo que fuera porque sus bebés les dijeran qué les pasa cuando lloran), ni siquiera tenemos toda la dotación sensorial de un adulto.

Como ya hemos dicho anteriormente, somos una especie altricial, es decir, somos seres muy inmaduros y que necesitamos de los cuidados de otros para sobrevivir. En general, físicamente, venimos muy mal preparados al mundo. Somos débiles en muchos aspectos.

Es muy importante que desarrollemos esta maduración que nos permitirá un día ser independientes y autónomos.

- *Ejercitar la succión*

Un bebé necesita succionar varias horas al día, no sólo para comer, sino porque es (junto con el llanto) uno de los pocos medios que tiene para expresarse y consolarse. También le ayuda a conocer el mundo que le rodea, ya que a través de la boca aprende sensaciones como caliente y frío, dulce o amargo, suave o áspero. Un bebe necesita mamar para calmarse del ajetreo, para relajarse, para... ¡para casi todo! Es por ello que se han inventado los chupetes (una burda imitación en silicona de un pezón).

Por lo tanto, el sueño infantil va a favorecer todo aquello que necesita un bebé, porque va sincronizado con sus necesidades.[12]

2. Entonces... ¿cómo es el sueño a estas edades?

— *Bifásico.*
— *Ultradiano.*
— *Polisecuencial.*
— *Mayor porcentaje de sueño REM que en el adulto.*
— *Inicio del sueño directamente en fase REM.*

- *Bifásico.* Tan sólo tiene dos fases (sueño activo o REM y sueño lento), de una duración de unos 50-60 minutos. Por eso difícilmente va a hacer siestas de mayor duración sin despertarse. Puede que poco a poco vaya juntando una fase con otra, lo que le permitirá dormir algo más, pero en principio no es así.

  Dicho carácter bifásico provoca que el niño se despierte frecuentemente para poder comer, cosa que ya hemos visto le evita hipoglucemias. El hecho de *comer frecuentemente* también le ayuda a mantener la producción de leche en su madre en este primer periodo de su vida, por lo tanto se está asegurando su alimento. Eso, sin mencionar que su estómago es muy pequeño y las cantidades que puede ingerir también.

---

12 A continuación se resaltan en cursiva las necesidades citadas (alimentarse frecuentemente, mantener la alerta, desarrollar la mente, madurar y ejercitar la succión) en las características del sueño que vienen a continuación.

Además, se despierta para poder estimularse y conocer, poco a poco, el entorno. Esto *desarrolla su mente*, pero como suele cansarse pronto, suele dormirse otra vez para volverse a despertar cuando esté descansado y poder aprender mejor. La mayoría de recién nacidos tiene la sorprendente capacidad de desconectar[13] cuando reciben demasiados estímulos, algo que se desaprende con el tiempo.
El estar despierto le ayuda a *mamar mejor* (aunque muchos también pueden hacerlo casi dormidos) y a relacionarse con su madre. También propicia la atención (mantener la alerta) de la persona que le cuida, ya que al saber que puede despertarse frecuentemente nadie deja solo a un bebé durante mucho tiempo.

- *Ultradiano*. No diferencia entre el día y la noche. Por lo tanto, el bebé se está asegurando que las tomas de alimento y todas sus necesidades también le sean dadas por la noche.

- *Polisecuencial.* Es decir, se reparte en varias secuencias (veces) a lo largo de todo el día. A diferencia del adulto, que suele ser unisecuencial (sólo duerme por la noche) o bisecuencial (duerme por la noche y alguna siesta). Esto le ayuda a mantener a su *cuidador cerca*, a *poder comer frecuentemente* y a descansar a menudo del bombardeo de estímulos que recibe al principio de su

---

[13] Los que no saben desconectar pueden manifestar un gran nerviosismo que provoca que sus madres intenten calmarlos, consiguiendo así desconectar también.

vida, y asimilarlos a través del estadio REM: eso *desarrolla su mente.*

- *Mayor porcentaje de sueño REM que en el adulto.* Se cree que durante el sueño REM nuestro cerebro integra los aprendizajes. Un bebé que sólo está despierto entre el 20 y el 40% del día necesita integrar bien los aprendizajes que realiza en tan poco tiempo, así como estimularse durante las horas que duerme. En este sentido, el sueño REM parece que también ayuda a los bebés a *desarrollar su mente* durante el sueño.

- *Inicio del sueño directamente en fase REM.* El bebé, a diferencia del adulto, puede entrar en fase REM directamente sin pasar por las otras fases de sueño lento. ¿El motivo? Se supone que mientras el sueño profundo ayuda al individuo a descansar el cuerpo, el sueño REM ayuda a reorganizar el cerebro, la memoria y los procesos de aprendizaje. Un bebé no suele cansarse mucho físicamente durante el día (además, el 70% del tiempo lo pasa durmiendo), en cambio sí que necesita *madurar* a nivel mental. Al tener ciclos de sueño muy cortos prioriza el sueño REM, que le ayudará a conseguir sus objetivos.

¿Lo ven? El sueño de un bebé recién nacido está perfectamente adaptado a sus necesidades.

Sé que es cansado atender a un niño por la noche (soy madre de dos), pero sabiendo lo importante que es para un niño ese tipo de sueño seguro que a muchos padres les será más fácil hacerlo. Cualquier intento de alterar esa perfecta sincronía entre sueño y necesidades del bebé no puede comportar nada bueno.

Hay profesionales que intentan (muchas veces en vano puesto que nuestro bagaje genético es fuerte) que los niños duerman más a base de ofrecerles comidas más pesadas o pautando unos horarios para las ingestas. Pues bien, estas conductas no conllevan más que el final de la lactancia[14] en la mayoría de los casos y desarreglos intestinales[15] en otros (ninguno deseable para un recién nacido). Es más, en el improbable caso de que durmiera un poco más, tampoco es deseable para un recién nacido incrementar de forma artificial su sueño, como ya hemos visto.

Lo único que favorece el desarrollo natural del sueño es la lactancia materna y el colecho.

Recordemos que la leche materna contiene L-triptófano, que favorece el sueño, y el hecho de succionar del pecho, y no de un biberón, también ayuda. R. Debré y A. Doumic[16] comprobaron que los niños que mamaban más vigorosamente (se cansaban más) dormían mejor. Citamos textualmente: «Según ellos, los niños que se nutren mal, sobre todo los que maman sin vigor, duermen mal. Los niños que en el pecho hacen unos esfuerzos de succión mucho más importantes que los que succionan de un biberón, y que además tienen una alegría afectiva, están mucho más satisfechos y tienen un relajamiento de tonos musculares mucho mejor que los niños alimentados con leche artificial.»

---

[14] Illingworth, R. S. y Stone D. G. H. (1952); Martines, J. C., Ashworth, A., Kirkwood, B. (1989) y Pérez-Escamilla, R. *et al.* (1993). Slaven, S., Harvey, D.C.C, 1981).

[15] Host, A. (1991). Howwie, P. W. *et al.* (1990).

[16] Debré, R. y Doumic, A. (1959), *Le sommeil de l'enfant avant trois ans,* P.U.F., París, citado en Ajuriaguerra, J. de (2001).

D. Levy[17] demostró que los perritos amamantados dormían mejor que los alimentados con biberón. Parece ser que la succión al pecho cansa y relaja más. Por otra parte, Levy, también ha demostrado que los perritos que beben de un biberón con el orificio grande, y por lo tanto con un tiempo de succión corto, tiene un sueño más superficial y más agitado que los perritos a los que se hace beber de un biberón con un orificio pequeño, y consecuentemente con un tiempo de succión más prolongado.

Ya lo ven, el hecho de que la lactancia esté bien instaurada sería uno de los aspectos que debemos tener en cuenta para valorar un insomnio en estas edades tan tempranas. En el caso de niños con alimentación artificial también se debería analizar cómo se está haciendo.

El *colecho* (dormir con el bebé) también es una buena opción para ayudar en la evolución natural del sueño. En este sentido, J. McKenna[18] ha demostrado que la respiración de las madres y los bebés cuando duermen juntos se acoplan, favoreciendo que el niño alterne las diferentes fases que va adquiriendo de la mano de la respiración de su madre. Asimismo, la duración y la calidad del sueño son mejores.

A nivel práctico, muchos padres ya saben que una de las mejores formas de dormir a su bebé es aparentando que duermen ellos también. Conforme el padre o la madre imitan la respiración que tenemos cuando dormimos, el bebé se relaja y se duerme.

---

17 Citado en Ajuriaguerra, J. de (2001), p. 160.

18 McKenna, J. J. y Mosko, S. S. (1994).

El sueño del bebé de 4 a 7 meses

Pasado el primer trimestre, el niño cambia y su sueño también. Por lo general, desde que nacemos hasta los 7 meses es el momento de la vida en que nuestro sueño va a cambiar más.

Veamos parte de esos cambios:

1. El sueño del principio, caracterizado por ser caótico, va a dar paso en este periodo a un sueño más predecible y empezará a dormir algo más de noche que de día.
   Hacia los dos meses, aquel sueño tranquilo que tenía el recién nacido va a volver a evolucionar hacia fases más profundas (origen de las fases III y IV) en que es más difícil despertarle. Muchos padres creen que su hijo ya siempre será así, pero hacia los tres meses el sueño se aligerará un poco (origen de las fases I y II) con lo que piensan que su hijo se está descontrolando otra vez. No, no se trata de una regresión de lo que ha adquirido, sino de una evolución hacia fases adultas.

2. A partir del primer trimestre ya no se dormirá directamente en fase REM, sino que tendrá necesidad de pasar antes por una fase no-REM. De tal forma que ahora, si hace poco que se ha dormido, cualquier cambio puede despertarlo, ya que primero atraviesa unas fases de sueño ligero antes de llegar a las de sueño más profundo.

3. Cuando ya ha llegado a las fases más profundas del sueño tranquilo (fase IV) puede permanecer aproximadamente una hora en ella. Luego tendrá un breve despertar.

Muchos padres, llegado este periodo, se quejan de que al cabo de una hora (u hora y media) de sueño su hijo se despierta. Muchos lo atribuyen a que su hijo se había dormido en brazos (o en su compañía) y ahora los echa en falta. Veamos una carta de Berta, mamá de Carlos (de 4 meses), típica de estas edades:

> Bueno, no sé si vamos avanzando o retrocediendo. Hasta hace poco, cuando dormía lo dejábamos en su cunita y se despertaba para las tomas nocturnas. Ahora nos cuesta más: hasta que no está bien dormido no podemos dejarle porque se despierta enseguida y, apenas pasa una hora u hora y media, vuelve a despertarse. ¡A veces tarda hasta una hora para volverse a dormir! [...] Nos han dicho que puede ser porque no estamos con él cuando se despierta y nos echa en falta, pero... ¡es que las veces que se duerme solo le sigue pasando igual!

Hay que partir de la base de que un bebé siempre echa en falta a sus padres, más aún cuando se despierta por la noche; pero en este caso, con padres o sin ellos, el niño se despertará igual. La única diferencia está en la gama de comportamientos que pueden presentar los niños: los hay que apenas hacen ruido y se duermen con facilidad en pocos segundos; los hay más ruidosos y que pueden permanecer más tiempo despiertos; y por último, hay niños que empiezan a presentar trastornos del sueño como terrores nocturnos.

¿De qué depende que presente un comportamiento u otro? Excepto en el caso de los trastornos (explicados en el capítulo 3), los otros dos únicamente dependen de la maduración del niño, y siempre llega un día en que el niño madura y se duerme por sí solo después de un despertar. Si usted creía que no se despertaba, es falso: todos nos despertamos unas diez veces por noche, la única diferencia entre un bebé y nosotros es que nosotros ya dominamos la técnica. Como mucho, nos damos la vuelta, estiramos las sábanas y continuamos durmiendo sin tomar conciencia del despertar.

Pero volvamos a nuestra hipótesis principal: las necesidades biológicas y emocionales del bebé se sincronizan con los estadios de sueño y de vigilia para asegurarse aquello que necesita. Por lo tanto, veamos cuáles son esas necesidades y cómo es el sueño en estas edades.[19]

1. ¿Qué necesita un bebé de 4 a 7 meses?

¿Qué necesita el bebé en esta etapa que no hayamos explicado en la anterior?[20]

— *Adquirir el ritmo circadiano.*
— *Adquirir las fases del sueño del adulto.*
— *Alerta selectiva.*
— *Introducción de los alimentos complementarios.*

---

[19] No sólo lo que necesita repercute en el sueño; en general, todo lo que hace o siente el bebé durante el día repercute mucho por la noche.

[20] Como ya hemos señalado en notas anteriores, muchas son las cosas que necesita y que va a conseguir nuestro bebé de 4 a 7 meses, pero priorizamos aquellos aspectos más conocidos para poder ofrecer una visión general.

- *Adquirir el ritmo circadiano*

A partir de los 4 meses todo niño ya tiene menos riesgo de padecer hipoglucemias; su lactancia está establecida (si ha mamado durante ese tiempo), por lo tanto ya puede empezar a diferenciar los días y las noches sin peligro. El adquirir esta diferenciación le será de vital importancia para su posterior desarrollo. Para conseguirlo, en este periodo termina la maduración del núcleo supraquiasmático del cerebro (verdadero reloj biológico de nuestro cuerpo). Por eso los bebés, al principio, no pueden tener un ritmo circadiano adquirido y son caóticos.

- *Adquirir las fases del sueño del adulto*

Cuando un bebé nace apenas tiene dos de las fases de sueño (ver sueño bifásico en el bebé de 0 a 3) porque eso le ayuda en su supervivencia. Poco a poco va adquiriendo las otras fases y se sabe que, alrededor de los 6-7 meses, ya pueden estar adquiridas.

- *Alerta selectiva*

Cuando era pequeño necesitaba mantener constantemente la alerta en su madre (era vital para su supervivencia) pero ahora ya no. Ahora sólo lo hará cuando se sienta solo o entre extraños. Es más fácil dejar un momento a un bebé con un extraño a los dos meses que a estas edades.

- *Introducción de los alimentos complementarios*

Una vez cumplidos los seis meses se puede empezar con las primeras papillas o pequeños trocitos de alimento, aunque la leche (tanto materna como artificial) aún sigue siendo el alimento principal.[21]

Por lo tanto, ya hemos dicho que nuestro sueño va a favorecer todo aquello que necesita un bebé porque va sincronizado con nuestras necesidades. Veamos si los cambios en el sueño ayudan a todo lo que acabamos de explicar.

2. Y... ¿cómo es el sueño en estas edades?

— *Circadiano.*
— *Polifásico.*
— *Inestable.*

- *Circadiano*
  Es decir, diferencia el día y la noche. Aunque cada niño va a su ritmo, la mayoría de los niños de 7 meses suelen hacer un par de siestas durante el día y un periodo, más o menos largo, por la noche. El número de horas de sueño se reduce (entre 10 y 15). Esto contribuye no sólo a la adquisición del ritmo circadiano, tan importante en el ser humano, sino que también le permite el paso gradual a otro tipo de alimentación.
  El sueño es circadiano porque el niño ya posee una maduración importante del núcleo supraquiasmático del cerebro (por eso antes no podía ser circadiano y era caótico). Pero para que funcione este reloj biológico necesi-

---

[21] Según las recomendaciones de la Organización Mundial de la Salud (OMS).

ta unos referentes internos y externos que cada niño irá asimilando a su ritmo. Los padres pueden ayudar intentando inculcarles esos referentes, pero el hecho de que lo hagan no es garantía de que lo asimilen en poco tiempo. En sociedades donde no se intenta que los niños sigan un horario desde tan pequeños (ni se les dan referentes externos, ni rutinas, ni nada) se ha comprobado que, a largo plazo, también siguen un ritmo circadiano y que no tienen ninguna secuela posterior. Más aún, en este tipo de sociedades el insomnio es prácticamente desconocido y la gente puede despertarse y dormir a voluntad en medio de la noche sin mayores problemas.[22]

- *Polifásico*
  A partir de ahora, no sólo tiene adquiridas casi todas las fases del sueño del adulto, sino que puede unirlas con más facilidad y hacer tiradas de más de un ciclo, con lo que poco a poco se prepara para poder desarrollar un patrón de sueño adulto. El hecho de poder unir más de un ciclo implica, a veces, más despertares, ya que son muy comunes los microdespertares al terminar un ciclo de sueño.

- *Inestable*
  Cuando el bebé nace, apenas tiene dos de las cinco fases que tendrá más tarde. El sueño entre los 4 y 7 meses es muy inestable porque van surgiendo las fases que faltan y el bebé necesita adaptarse a ellas. Es un periodo de transición en que los despertares son muy frecuentes (a

---

22 Small, M. (1998), p.149 y Liedloff, J. (2003), p. 26.

veces más que en el primer periodo). ¿Por qué? Pues ¡porque están ensayando! Ahora hay más fases y más cambios, y los niños deben ensayar para aprender. Imaginad a un bebé que, hasta hace poco, sólo tenía fase REM y sueño profundo, y que en tres o cuatro meses aparecen como por arte de magia ¡cuatro fases más! Si ya era difícil dominar un par de fases, ¡imaginad ahora! Por un lado se supone que podemos despertarnos entre fase y fase, por lo tanto, a más fases más opciones de despertarse. Y por otro, dos de estas fases son además de sueño ligero (en que un pequeño ruidito nos puede despertar). ¿Se extrañan ahora de que el bebé se despierte más por la noche?

En los consultorios de los profesionales del sueño son muy comunes consultas que empiezan así:

> Mi niño de 6 meses, desde que nació, más o menos dormía como todos y se despertaba para hacer sus tomas por la noche. Pero ahora, parece que vayamos a peor. Se despierta mucho más y, tras la toma, no se vuelve a dormir tan fácilmente como antes.

Puede que los padres no duerman bien, de acuerdo, pero al niño no le pasa nada malo; simplemente está ensayando y llegará un día en que dominará la técnica de pasar de una fase a otra.

Si unimos a esta inestabilidad nocturna el hecho de que se dan otros cambios importantes en la vida de un niño, como la reincorporación de muchas madres al trabajo remunerado (a las 16 semanas, según la actual legislación española) o el inicio de la alimentación complementaria (6 meses), todo indica que será una época muy crítica para nuestro hijo. Quizás sea una de las épocas en la que necesiten nuestra mayor comprensión.

¿Qué hacer mientras tanto? Ante la duda, nada, porque podríamos alterar la evolución natural del sueño. Sin embargo, como hay padres que son muy dormilones (que pueden juntarse con niños que se despierten más de lo normal), podemos seguir intentando los mismos consejos que ya dimos para el periodo de 0 a 3 meses: lactancia materna y colecho. Las madres que siguen estas instrucciones suelen comentar que no notan gran diferencia en cuanto al número de despertares (los niños se despiertan igual), pero sí en cuanto al tiempo que el bebé tarda en dormirse: la mayoría apenas unos segundos; y la mamá también.

De todas formas, hay otras cosas que se pueden hacer en este periodo, y que veremos en el capítulo 5.

El sueño del niño de 8 meses a 2 años

Al principio del capítulo explicábamos que el sueño del bebé no va a parecerse al del adulto hasta los 6 años aproximadamente, en que su sueño se concentrará en la noche, sin siestas normalmente, y tendrá una duración de unas 8-9 horas sin despertares. Pero hasta ese momento no toda la evolución del sueño va a ser igual, si no que, principalmente, podemos hablar de dos etapas bien diferenciadas:

- *Etapa de construcción, entre 0 y 7 meses*: de las dos fases del recién nacido, pasamos a las cinco fases del adulto.
- *Etapa de maduración, entre 8 meses y 6 años*: en que esas fases y ese sueño van madurando hasta parecerse más al

del adulto. Es la época en que se reduce el número de horas de sueño y se van eliminando los despertares nocturnos.

A partir de ahí sólo quedan las etapas evolutivas normales: adolescencia, edad adulta y vejez.

Entramos ahora en una etapa de maduración del sueño en donde las bases (fases, núcleo supraquiasmático...) ya están adquiridas, y los cambios importantes únicamente se producirán en el número de horas y en los despertares nocturnos, que se irán reduciendo poco a poco.

Ya hemos visto en páginas anteriores cómo el sueño y la vigilia responden a mecanismos fisiológicos bastante precisos y sincronizados, y que la evolución del sueño va a la par con la maduración del individuo. ¿Ocurrirá lo mismo en esta etapa?

1. ¿Qué necesitan conseguir los niños a estas edades?

— *Introducción a los alimentos complementarios.*
— *Superar el periodo de angustia de separación.*
— *Relacionarse con el entorno: la deambulación.*
— *Irrupción dentaria.*
— *La reglamentación esfinteriana.*

- *Introducción a los alimentos complementarios.* Aunque ya ha comenzado en el periodo anterior, no es hasta estas edades cuando empieza a consolidarse en serio. Los niños, poco a poco, dejan los purés y las papillas (los que los tomaban) para ir tomando pequeños trozos de alimentos.

- *Superar el periodo de angustia de separación.* Hacia el octavo mes el niño ya sabe que es una persona diferente de su cuidador (normalmente padres). Por esta razón, cuando éstos se van, o simplemente desaparecen de su vista, lloran desesperadamente. Los niños no tienen noción del tiempo y cuando desaparecemos de su vista no saben si es para siempre o para dentro de un ratito, así que lloran por si acaso fuera lo primero.
  Para superar este periodo se han inventado juegos como esconderse detrás de las manos y aparecer (casi todas las culturas tienen algo similar). En ellos, los niños soportan alegres breves segundos sin la visión materna o paterna. Esos breves segundos darán paso, poco a poco, a un periodo más largo (juego del escondite), pero este proceso difícilmente termina antes de los dos años.

- *Relacionarse con el entorno: la deambulación.* En este periodo el niño afianza el gateo y, alrededor del año, empezará a andar. En el momento en que tiene una deambulación autónoma se convierte en un explorador intrépido, ávido de conocer el entorno.

- *Irrupción dentaria.* Aparecen los primeros dientecitos. ¿Eso duele? Pues no se sabe a ciencia cierta. Si nos basamos en las apariciones de dientes en niños mayores que pueden explicarlo, parece ser que no duele. A los cinco años mi hijo pequeño perdió su primer dientecillo y a los pocos días ya asomaba el nuevo. «¿Duele?», le pregunté. Y la respuesta fue un rotundo «No». Desde entonces hago la misma pregunta a todos aquellos niños entre 7 y 8 años que vacían las arcas del ratoncito Pérez, y a nadie parece ser que le duela la salida del nuevo dientecillo.

Pero si observamos a los bebés, sí que se da una asociación entre el salir de los dientecillos y una inquietud (no nos atrevemos a decir dolor). Así que, con dolor o sin él, es una etapa en que están más irritables, babean más y muerden todo lo que pillan. Por eso, por ser una época especial, vamos a tenerla en cuenta.

- *La reglamentación esfinteriana.* Entre los 2 y 3 años a la mayoría de los niños se les empieza a exigir el control de esfínteres y el abandono del pañal (aunque no todos lo consiguen todavía).

Una etapa crítica, ¿no creen? Son los primeros pasos hacia su autonomía: sabe que es un ser diferente de sus cuidadores, que tiene la habilidad de desplazarse y separarse de ellos a voluntad. Va a aprender también que puede controlar el momento de hacer pipí o caca, y que es capaz de comer trozos grandes sin atragantarse. Una gran responsabilidad y una gran inseguridad para tan corta edad.

Ésta es una etapa marcada por la ansiedad infantil, en que la lucha entre «el quiero» y el «me da miedo» aparecen constantemente en cada decisión. Y eso también se notará en el sueño.

2. Y, por lo tanto... ¿cómo será el sueño?

— *Temido.*
— *Inquieto.*

Básicamente, el sueño suele presentar dos características en estas edades:

- *Temido.* La angustia de separación se manifiesta también en el sueño. El niño empieza a darse cuenta de que hay un periodo (cuando se va a dormir) en que se separa de sus padres y por lo tanto intenta retrasarlo al máximo. Es típico de estas edades el quedarse dormido delante de la tele, jugando, etcétera, es decir, haciendo actividades que le «despisten» de la idea de que va a separarse de sus papás. Por lo tanto, debemos calmarles antes de ir a dormir para que aprendan a regular esa ansiedad.

  Muchos son los autores que han advertido este fenómeno y explican que la mejor manera de dormir a los niños en este periodo suele ser aquella que diluye la ansiedad. ¿La más famosa? ¡Hacer compañía! Así, siguiendo a J. de Ajuriaguerra:[23]

  «El sueño [...] también puede ser una forma de separarse de los adultos, separación temida o deseada. Durante esta fase en que el ciclo del sueño se busca a sí mismo, pueden alterarlo causas nada que ver con la posterior evolución alteradora, pero se puede influir en ellas mediante nuevas satisfacciones *como la simple presencia o el acunamiento.*»

  ¿Y no necesitarán siempre la presencia o el acunamiento? Aunque no se lo crean, ésta suele ser la siguiente

---

[23] Ajuriaguerra, J. (1977), p. 160.

pregunta que hacen muchos padres cuando les explico lo anterior.

Pues no; porque lo único que necesita el niño es sentirse seguro en esta etapa, y cuando eso se ha establecido, cuando ya entiende que su entorno estará seguro aunque duerma, cuando él esté más seguro de sí mismo, los acunamientos y las presencias se harán innecesarias. A. Freud nos dice lo siguiente al respecto:[24]

«Llega el momento en que dormir no es ya un asunto puramente físico (respuesta prácticamente automática a una necesidad corporal en una persona indiferenciada); para dormirse se hace imprescindible un retroceso de la libido y del interés del Yo: se diluye la ansiedad, desaparece cuando las relaciones objetales del niño se vuelven más seguras y cuando su Yo está ya suficientemente estabilizado.»

¿Lo ven? Llega un momento en que los niños ganan seguridad y no van a necesitar nada de eso. No obstante, es curioso observar cómo la mayoría de los «expertos» que desaconsejan que a los niños se les haga compañía para que duerman por si se acostumbran para toda la vida no tienen reparos en meterle un muñeco en la cama: ¿Y si se acostumbran para toda la vida?, digo yo.

«Uno de los dos (se refiere a padre y madre) escoge un muñeco de los que ya tiene vuestro hijo y le pone un nombre, digamos Pepito. Se lo presenta al crío y le

---

24 Freud, A. (1965), citada en Ajuriaguerra, J. (2001), p. 159.

comunica que «"a partir de hoy, tu amigo Pepito siempre dormirá contigo"».[25]

El porqué los niños son más susceptibles de *engancharse* para toda la vida a la compañía de sus padres que al osito es un misterio que no ha sido desvelado por los expertos, más aún cuando no se conoce ningún adulto sano que necesite la compañía de sus padres para conciliar el sueño, pero me constan algunos que sí deben dormir con algún objeto sustitutorio.[26]

- *Inquieto*. El hecho de empezar a andar y a reconocer un entorno desconocido hasta el momento le produce mucha ansiedad, algo que también ocurrirá con el inicio de la alimentación complementaria, y más tarde con la retirada del pañal. Mientras dormimos, sobre todo en fase REM, se ha comprobado que aquello que nos preocupa puede asimilarse, pero también provocar pesadillas y otros trastornos que, curiosamente, suelen aparecer a estas edades. Los despertares siguen siendo la tónica habitual.

  ¿Habitual? Alguno de ustedes se preguntará si esto es así dadas las falsas ideas que corren por ahí de que los niños a partir de no sé qué pocos meses ya duermen de

---

25 Estivill, E. y Béjar, S. de (1995), p. 73.

26 Hay muchas anécdotas de famosos. Se cuenta de la reina de Inglaterra que cuando viaja siempre se lleva su almohadita para dormir. Hay gente que no puede hacerlo sin sus mascotas, y algunos aún lo hacen con su muñeco de la infancia a pesar de estar en la adolescencia (en esto ganan las chicas adolescentes a los chicos).

un tirón. Pues sí, lo habitual es que a estas edades los niños aún se despierten por la noche. Así, según Ajuriaguerra:

«En el segundo año[27] el niño manifestará una repugnancia por el sueño y se despertará durante la noche; podrá tornarse exigente con su madre y soportar con dificultad la separación que supone el sueño, despertando y llorando en espera del retorno de la madre. En este periodo aparecen las primeras muestras de ansiedad y los sueños; también durante la siesta pueden producirse alteraciones al dormirse.»

Richards y Bernal[28] hicieron un estudio en que se comprobó que a los 14 meses de edad el mayor problema para los padres era el despertar nocturno constante. Así, para Challamel, M. J. y Thirion, M.:[29]

«El periodo de los 6 meses a los 4 años es sobre todo la edad de los despertares múltiples de la segunda parte de la noche. Son frecuentes, a veces después de cada ciclo pasada la medianoche. Unos estudios estiman que entre el 40 y el 60% de los niños se despiertan a los 18 meses, y el 20% de ellos se despierta varias veces cada noche. [...] Estos despertares nocturnos son un componente normal del sueño a esta edad.»

---

27 Se refiere al segundo año de vida, es decir, entre los 12 y los 24 meses.
28 Richards, M. y Bernal, J. (1974).
29 Challamel, M. J. y Thirion, M. (2003), p. 268.

¿Entonces, por qué corren esas ideas de que los niños a partir de los 6 meses pueden dormir de un tirón toda la noche? El doctor C. González[30] sugiere que estos errores pueden tener el origen en una mala interpretación de un estudio, en concreto el de Anders.

En 1979 Anders[31] observó a niños de 9 meses durante el sueño y concluyó que el 78% dormía toda la noche. ¿Cómo se explica todo lo anterior si la mayoría duerme a los 9 meses? Estos errores suelen suceder cuando no se examinan bien los estudios, ya que Anders deja bien claro que se entiende por dormir toda la noche que los niños permanezcan (no es necesario que duerman) en sus cunas (todos dormían solos) entre las 12 de la noche y las 5 de la madrugada. ¡Apenas 5 horas de permanencia en la cuna aunque estén despiertos es lo que considera toda la noche! Repasando el estudio, los niños de nueve meses que no se despertaban entre las 12 y las 5 horas solamente eran el 33%.

Como ven, el sueño en estas edades es muy frágil, como también lo son la capacidad de dominar la ansiedad y la maduración del niño. Cuando éstas se consoliden, los niños se van a dormir solos. J. Ajurriaguerra[32] considera que:

«La importancia de los fenómenos del segundo año depende del grado de desarrollo general del niño y especialmente de su capacidad de percepción, del esta-

30 González, C. (2003), p. 161.

31 Anders, T. F. (1979).

32 Ajurriaguerra, J. (1977).

blecimiento de relaciones con los objetos y de su capacidad de dominar la ansiedad [...].»

¿Cuándo tendrá lugar eso? M. F. Small[33] cita a Sara Harkness, experta en desarrollo infantil, quien sostiene que «con el correr del tiempo todos los niños acaban durmiendo como los adultos; sólo queda por ver cuánto tardan en llegar a ese patrón. En otras palabras: obsesionarse con el sueño e inventar triquiñuelas para que el bebé duerma toda la noche es, quizás, empujar el asunto más allá del potencial biológico del niño».
Ésa es exactamente la idea de este libro: el sueño es un proceso evolutivo o, dicho de otro modo, todos los niños van a dormir algún día como un adulto, si bien en cada niño el ritmo de adquisición es diferente.

El sueño del niño de 3 a 6 años

¡Bienvenidos a este periodo! Si han sabido escuchar todo lo que reclamaba su pequeño en épocas anteriores, verán cómo a partir de ahora todo mejora. No queremos decir con ello que siempre a los 3 años todo esté ya solucionado, aunque sí se producirá una disminución importante de los despertares nocturnos, que llegarán a desaparecer a la edad de 5 años.

No se sabe la causa pero la edad de 5-6 años supone un tope ante el cual la mayoría de niños solucionan por sí solos sus problemas con el sueño. Los niños se hacen mayores y su maduración conlleva un sueño más parecido al de los adultos.

---

33 Small, M. F. (1999), p. 151.

Ésta es la etapa de los primeros aprendizajes escolares[34] y de la consolidación del lenguaje hablado. El niño ya controla su entorno, no sólo a nivel físico (sabe andar, ¡y cómo!) sino también a nivel oral. El uso de la palabra es muy importante, pues le permite expresar sus sentimientos, quejas y deseos de una forma que el adulto puede entender más fácilmente.

¿Se acuerdan de la desesperación cuando sufrían una de aquellas terribles rabietas a los dos años en las que ni nosotros les entendíamos ni ellos se sabían hacer entender? A partir de los 3-4 años las rabietas bajan de intensidad y de frecuencia porque nos entendemos mejor.

No obstante, hay algunos problemas que podemos encontrarnos en estas edades y que no se han dado antes. Es decir, que si usted es de los que tenía un bebé que dormía toda la noche desde hace mucho tiempo y ahora tiene algún problemilla no se asuste: puede que sea normal. Veamos:

Hacia los 3-4 años el niño va a dejar de hacer su siesta. Normalmente no sucede nada, pero hay niños que presentan un déficit de sueño lento. Este sueño lento va a verse compensado por el aumento del sueño profundo de la primera parte de la noche. ¿Recuerdan la gráfica 2 de este capítulo? En ella veíamos cómo el niño tiene una fase de sueño profundo mucho más larga al principio de la noche. Pues bien, el niño puede encadenar dos ciclos sucesivos de sueño lento (unos 140 minutos) y la

34 Aunque hay diferencias en cada cultura, normalmente a estas edades se empieza la escolarización y el aprendizaje de la lecto-escritura y de las primeras nociones matemáticas. En nuestro país, a los 6 años empieza la escolarización obligatoria, aunque la mayoría de las escuelas ya atienden el periodo de 3-5 años.

dificultad de aligerarlo puede producir algunos trastornos:[35] terrores nocturnos, sonambulismo, enuresis, etcétera. Es una etapa en la que pueden aparecer, pero hay que saber también que en el momento en que el niño no necesite compensar ese déficit de sueño todo volverá a la normalidad.

Aparte de esos trastornos es muy normal que a estas edades empiecen a pedir cosas que les gustan para rebajar su ansiedad, relajarse y poder dormir: que se les cuente un cuento, que se les cante una canción, etcétera. Estos comportamientos son típicos en nuestra cultura porque enseñamos a los niños a dormir solos, en aquellas en que duermen en compañía de otras personas esto no suele suceder. Así, los padres que tienen más de un hijo explican que notan una franca mejoría cuando los hermanos empiezan a dormir juntos en la misma habitación.

También es verdad que, durmiendo solos o en compañía, llega un día en que no sólo no necesitan a nadie, sino que no quieren a nadie más en su habitación. Es el problema de muchos padres con varios hijos mayorcitos y pocas habitaciones.

En resumen, ésta es una etapa de maduración personal. Muchos padres usan frases como «está hecho todo un hombrecito» o «ya es toda una mujercita», y su sueño también es así. Aunque no utilicemos las frases «duerme como un hombrecito» (o como una mujercita), la verdad es que empieza a ser de esta manera.

---

[35] Todos los trastornos los veremos con más detenimiento en el próximo capítulo.

Conclusión

Es posible que todavía no se pueda dar respuesta a todas las preguntas acerca de las funciones del sueño. Se supone que el sueño lento ayuda a nuestro cuerpo a recuperarse del cansancio físico, a la par que mejora nuestro sistema inmunológico, y que nuestro sueño REM nos ayuda a la «gestión» de nuestras emociones y a la instauración de los aprendizajes y de la memoria. Pero, exactamente, no conocemos todos los pormenores del sueño. Así, según algunos autores:

> «Las teorías para tratar de dar una respuesta a todos los interrogantes sobre las funciones del sueño son múltiples y a menudo contradictorias, pero esta contradicción no puede ser sino aparente si se admite que el sueño no tiene las mismas razones de ser, las mismas funciones en el bebé que en el adulto, y que estas funciones evolucionan, se modifican con la edad».[36]

Queremos que los niños duerman como los mayores, pero olvidamos que para dormir como un mayor ¡hace falta serlo!

---

36 Challamel, M. J. y Thirion, M. (2003), p. 245.

Resumen del capítulo 1

- *Dormir es un proceso evolutivo que se va adaptando a las necesidades del ser humano*. Un recién nacido no duerme igual que un niño, ni éste igual que un adulto; ni un adulto igual que un anciano, porque cada edad reclama unas necesidades diferentes.

- *Nadie puede enseñar a un niño a dormir*. Los bebés ya saben dormir antes de nacer. No dependen de que nadie les enseñe. Dormir es una necesidad vital. Por eso la naturaleza nos prepara para hacerlo incluso antes de nacer.

- *El recién nacido (y anteriormente el feto) nace con dos fases diferenciadas de sueño*: sueño activo (muy parecido a lo que será el sueño REM) y sueño lento (que dará lugar a las diferentes fases de sueño: I, II, III y IV).

- *En torno a los 7-10 meses ya han aparecido todas las fases del sueño*, aunque su periodicidad y duración aún son diferentes del adulto. Recordemos que hasta los 4 años aún suelen realizar una pequeña siesta.

- *No será hasta los 5-6 años cuando tendremos un sueño bastante parecido al adulto*: un único periodo nocturno, sin siestas, y de una duración entre 8-10 horas.

- *Tanto niños como adultos tenemos despertares nocturnos*. La única diferencia es que nosotros ya dominamos la técnica de volver a dormirnos. Nuestros hijos aún no, pero lo harán algún día por ellos mismos.

- *El sueño de un bebé nunca es indicativo del sueño que tendrá de adulto.*

SEGUNDA PARTE

EVALUACIÓN

Capítulo 2
Cómo saber si hay un problema

No existe nada que sea tan sencillo como parece a primera vista.

KELLEY

Cuando piensen que un niño puede tener un problema relacionado con el sueño es importante constatar que eso es así realmente. Esta frase que parece obvia a veces no lo es, y muchas veces se han dado errores de diagnóstico en niños sin patología alguna.

A lo largo de este capítulo intentaremos explicar esos errores más frecuentes. Es muy importante tener en cuenta estos falsos problemas antes de emitir un veredicto sobre el tema.

Pero como pudiera ser que su hijo tuviera realmente un trastorno de sueño, hemos incluido un tercer capítulo en donde hablaremos de los verdaderos problemas: aquellas patologías del sueño que deben saberse diagnosticar con precisión y ser tratadas con atención.

Errores de diagnóstico y problemas aparentes

No hay una forma adecuada de cometer un error.

ANÓNIMO

La historia de Laura (ver recuadro) es una de las muchas que cada día se leen en varios foros de internet. Lo más frecuen-

A Laura, desde que nació, siempre había que mecerla para conciliar el sueño y algunas veces más durante la noche, cuando se despertaba. Pero últimamente (ahora tiene 7 meses) no se conformaba con el acunamiento, sino que sólo conciliaba el sueño en la cama con sus padres. Bueno, mejor dicho «encima» de su madre, porque lo que le gustaba era apoyar su cabecita sobre el pecho de mamá. De día se la veía irritable y con mal humor.

«Os toma el pelo. Debéis inculcarle unos hábitos. Dejadla llorar y dormiréis tranquilos», les decían.

Y eso hicieron.

Al principio fue duro puesto que la niña movía con fuerza la cuna hasta chocar contra la pared mientras lloraba, pero ya les habían avisado de que sería capaz de todo con tal de llamar la atención. Así que los días siguientes ya le colocaron la cuna al lado de la pared para que no se moviera tanto. Al cabo de una semana (y después de muchas horas de llantos, tanto de la niña como de sus padres) Laura ya no molestaba para dormir. La dejaban sola en su habitación y no protestaba hasta la hora del despertar.

Ahora, varios meses después, Laura lleva un drenaje en el oído producido por una otitis media aguda. El pediatra les ha dicho que hace mucho tiempo que la tenía, en vista de las exploraciones. Les ha explicado que, seguramente, apoyaba la oreja encima de su madre para calmar el dolor con el calor corporal y que el acunamiento y el latido del corazón la tranquilizaban. Esa otitis también era la responsable de su irritabilidad diurna. La poca fiebre que tuvo al principio (y que a lo mejor hubieran notado sus padres) quedó enmascarada por los sofocones que tenía llorando, y el calor del radiador (de la pared a la que la niña había acercado la cuna) le ayudó a calmar el dolor.[1]

te es encontrar fallos basados en patologías médicas, ya que tarde o temprano suelen evidenciarse porque los pediatras las diagnostican. A continuación he copiado un par de mensajes en este sentido, tal cual se expusieron en la Red:

A mi sobrino [...], cuando tenía 18 meses comenzaron a aplicarle el método para dormir, y el bebé ha llegado a vomitar de tanto llorar… ahora, con 30 meses le han diagnosticado apneas de sueño.[2]

Y otra vez el «déjalo llorar sin miedo»... Mi hijo, de 23 meses, acaba de ser diagnosticado de reflujo grado 3. No tuvo ningún síntoma visible hasta hace unos pocos meses, casualmente justo dejó de mamar. Según su gastroenterólogo, mientras tomó teta estuvo protegido contra la acidez, pero cuando ya no tuvo su caudal de leche materna fue cuando comenzaron los vómitos. El médico me preguntó cómo dormía de bebé, si se despertaba llorando muchas veces, y yo le comenté que sí (mínimo 6 veces hasta casi el año), a lo que me dijo que seguramente algunas de esas

1 Basado en la historia de una mamá que explicaba en un foro cómo se sintió cuando después de varias noches de dejar llorar a su hija para que aprendiera a dormirse le diagnosticaron otitis.

2 Mensaje extraído de la red Lacmat del 7 de noviembre de 2005.

> veces se despertaría con dolor de panza, qué suerte tuvo mi hijo (según palabras del doctor y pensamiento mío) que tuvo siempre una teta disponible para calmar sus malestares... menos mal que no lo «dejé llorar sin miedo», ¿no?[3]

Aunque estos casos parecen alarmantes (y lo son) no suelen ser los que más me preocupan, porque como ya hemos dicho, acaban saliendo a la luz y, de alguna forma, se intenta restablecer en el bebé aquello de lo que se le privó. Pero, ¿y los niños a los que se les ha dejado llorar porque se despertaban debido a terrores nocturnos muy precoces? ¿O porque aún tenían despertares fisiológicos? ¿O porque simplemente no dormían las horas que sus padres querían?... Ésos, normalmente quedan en el anonimato.

Por ello es tan importante saber qué le pasa a un niño que no duerme antes de alarmarse y pensar que es un mal dormidor. Puede que sea por motivos fáciles de solucionar, de ahí este capítulo.

No obstante, tanto si su hijo tiene un verdadero problema como si sólo es un falsa interpretación de unos síntomas, los métodos de adiestramiento basados en «dejar llorar» nunca se deberían aplicar.

Básicamente, los errores de diagnóstico y los falsos problemas vienen derivados de cuatro factores:

— *Error en la interpretación.*
— *Falta de información.*
— *Falta de sincronía.*
— *Hacer de lo normal un problema.*

---

[3] Mensaje extraído de la red Lacmat del 18 de noviembre de 2005.

1. Error en la interpretación

Donde no hay amor no hay comprensión.
O. WILDE

¿Recuerdan el triste caso de Laura con el que abríamos este capítulo? Si en lugar de pensar que la niña les estaba tomando el pelo hubieran pensado que le pasaba algo, la historia seguramente hubiera tenido un final más feliz.

En el capítulo 4 hablaremos del porqué de esta corriente que insiste en malinterpretar las intenciones de un niño. Un bebé nunca hará algo para fastidiar a sus padres, por mucho que a ellos se lo parezca.

Hablaba con una mamá que me decía: «Lo dejo en la cuna y llora, lo cojo y calla, lo dejo y llora, lo cojo y calla, ¡tan pequeño y ya me toma el pelo!». Yo le contesté: «Y si quiere estar contigo… ¿Cómo crees que te lo puede pedir si sólo tiene cinco meses?».

A veces, la única manera con la que se nos puede hacer actuar en contra de nuestros instintos paternales es inculcándonos que las intenciones y conductas normales de los niños van dirigidas a tomarnos el pelo. Es muy fácil tergiversar lo que quieren los bebés: total, como ellos no hablan, ya les pongo yo la voz.

Ningún niño se despierta porque quiere ni para fastidiar. Todos venimos preparados para despertarnos unas nueve veces por noche, la única diferencia entre ellos y nosotros es, como ya dijimos en el primer capítulo, que nosotros ya dominamos esa técnica y ellos no. Aprenderla es un proceso evolutivo. Dele tiempo a su hijo.

La literatura sobre el tema está plagada de casos en donde las malinterpretaciones de las conductas infantiles son las protagonistas. El doctor Haslam[4] cita en su libro una historia muy curiosa:

> «Sara era una niña de seis años que empezó a dormir mal a partir del nacimiento de su hermano. Cada noche sucedía lo mismo. Permanecía tendida en su cama sin dormir y llorando desconsoladamente. Sus padres, sin saber qué hacer y convencidos de que tenía celos de su hermano, le decían una y otra vez, día tras día, lo mucho que la querían. Pero eso no daba resultado. [...] Fue la maestra de Sara quien dio en el clavo. En clase, Sara había dibujado a un soldado con una espada. Al preguntarle la maestra quién era el soldado, respondió: "Es el soldado que mata a los niños pequeños". Las piezas empezaron a encajar. Poco antes de nacer su hermano Sara había escuchado la historia de la Biblia que explica cómo el rey Herodes asesinó a todos los niños con la intención de matar al niño Jesús. [...] Estaba totalmente convencida de que iban a matar a su hermanito. En lugar de estar celosa de él, le quería muchísimo y cuanto más cariñosos se mostraban sus padres con ella, más se convencía de que era porque se acercaba el momento de la muerte de su hermano. Cuando sus padres lograron tranquilizarla y convencerla de que nada malo iba a ocurrirle al niño, recuperó su patrón de sueño habitual.»

Puede que no entendamos a nuestro hijo. Puede que a veces nos parezca que pida cosas contrarias a nuestro sentido

[4] Haslam, D. (1985), p. 62.

común, o que éstas sean muy negativas o dañinas. Puede que un niño no tenga las cosas claras y que tenga un conflicto de intenciones. Pero el que no tenga claras las intenciones no quiere decir que sean malas intenciones.

2. Falta de información

No hay nada tan temible como la ignorancia en acción.
A. BLOCH

Susana F., una mamá primeriza, consultó con su pediatra por un problema de sueño de su hija Eva N., de pocos días de vida:

> Eva tiene un mes. Desde el hospital, cuando termina de comer la acuesto en su cunita pero no se duerme. Primero pensamos que era la alimentación y empecé a darle suplementos. Pero como seguimos igual y la niña va bien de peso, hemos descartado este motivo.
>
> He iniciado una rutina cuando se despierta: le doy de comer, la cambio y la acuesto; pero a veces le cuesta mucho dormir y nos desesperamos, yo y ella.
>
> Ahora pienso que debe de ser algún tipo de insomnio porque nunca consigo que se duerma después de despertarse y comer.

A la madre le habían explicado que la vida normal de un recién nacido consistía en comer y dormir, y como su hija pasaba algunas horas despierta al día y no se «sabía» dormir después de cada comida, pensaba que padecía algún tipo de insomnio.

Como vemos, este problema tiene su origen en una mala información de la madre, porque ahora ya sabemos que un recién nacido que presente, a lo largo de todo el día, algunos periodos de vigilia es perfectamente normal.

A estos errores contribuyen publicaciones y anuncios publicitarios como el que hizo una conocida marca de cochecitos y cunas para bebés en donde decía: «¡Hasta 20 horas al día necesitan las primeras semanas!»

¡Veinte horas! No nos extraña que Susana F. pensara que su hija no dormía las horas necesarias. Ahora sabemos que con 16 horas puede ser suficiente los primeros días.

Como ven, es fundamental estar bien informados de las características del sueño infantil (capítulo 1) para evitar este tipo de malentendidos.

Parte de los errores más frecuentes son debidos a la falta de un criterio unánime en cuanto a las tablas «normales» de sueño.

Si buscamos en la literatura pediátrica actual podemos encontrar diferencias de hasta tres o cuatro horas diarias sobre las necesidades de sueño infantiles, según las tablas que se consulten.

¿A qué son debidas esas diferencias? Los factores son varios: por una parte, culturalmente, no todos los niños del mundo duermen igual. En un estudio, Harkness[5] constató que hay hasta cuatro horas de diferencia entre un niño holandés y uno kipsigi (Kenia). En general, un niño holandés duerme dos horas más que un niño norteamericano y éste dos horas más que un kipsigi. Si

---

5 Harkness, *et al.* (1995), citado en M. F. Small (1999), p. 152.

usted observa las tablas facilitadas por algún laboratorio norteamericano puede pensar que su hijo tiene un problema de insomnio porque resulta que duerme las horas de un kipsigi normal, mientras que los padres de un niño holandés, si tuvieran tablas noteamericanas, pensarían que su bebé es el niño más soñoliento del mundo. Por eso, si piensa hacer caso de las tablas, pida unas que estén estandarizadas a la población infantil a la que usted pertenezca. Aunque esto raramente lo conseguirá.

En general, no podemos seguir las tablas de forma estricta, sólo pueden tomarse como orientativas. Si duda sobre si las horas que duerme su hijo son las correctas o no, mírelo a él.

A cualquier persona privada de sueño se le nota. Si no, mire a los jóvenes los lunes por la mañana, a sus compañeros de trabajo el día que han pasado mala noche o a usted mismo. A poco que no durmamos una noche ya se nos nota, a su hijo seguramente también.

Pero si ve que durante el día su hijo es un niño normal, más o menos alegre, más o menos inquieto según su temperamento, seguramente está durmiendo las horas que él necesita para su descanso, que no tienen que ser las mismas que el hijo de su vecina. En cualquier caso, ante la duda persistente, siempre puede consultar a un profesional.

Aunque tuviera la suerte de conseguir unas tablas estandarizadas a su población, desconfíe de aquellas que sólo marcan promedios y busque una que marque intervalos. Se sabe que la mayoría de los niños de países avanzados empiezan a andar alrededor de los 12 meses (promedio), pero como hay pocos que lo hagan justo el día de su primer cumpleaños, las tablas suelen mostrarnos el intervalo en que es normal que se haga así (entre 10 y 18 meses). De ahí que nuestra tabla se basa en intervalos y no en promedios.

Tabla 1

HORAS DE SUEÑO ESTÁNDAR CADA 24 HORAS

EDAD	Nº HORAS
0-2 meses	12-16
3-6 meses	10-15
6-9 meses	11-14
9-18 meses	10-13
19-36 meses	9,5-12
3-4 años	8-12
4 a 6 años	8-11

De todas formas, si su hijo no se incluye en los intervalos que se marcan en la tabla, pero no presenta ninguna otra alteración, seguramente estará descansando lo que necesite, aunque pertenecerá a un grupo de niños más minoritario cuyas necesidades de sueño sean menores. ¿Sabía que los niños superdotados, en general, requieren menos horas de sueño? No queremos decir que su hijo lo sea, pero sí que hay niños perfectamente sanos cuyas horas de sueño son menores.

Recuerde que más que las horas que uno duerme, es la sensación de descanso lo que define si dormimos adecuadamente.

A modo de ejemplo (usted también puede hacerlo) les pedí a compañeros y amigos que me explicaran cuántas horas dormían actualmente: nadie dijo dormir las 8 famosas horas que se supone que debemos dormir, y la mayoría confesó que dormía menos (entre 6 y 7, siendo este último valor el más frecuente).

A pesar de desarrollar una vida normal, la mayoría se sentía culpable de no dormir las 8 horas que se supone debían dormir, con comentarios como «ya sé que es poco pero me he acostumbrado así» o «sé que debería dormir más pero, aunque quiera hacerlo, cada día me despierto a la misma hora»... Todos reconocían, no obstante, que con esas horas podían hacer sus labores normales ya que se habían acostumbrado. ¿No es más fácil pensar que, a lo mejor, no se habían acostumbrado, si no que, simplemente, dormían las horas que necesitaban? Lo único que les preocupaba era pensar que no dormían como «se supone» que se debe dormir, ya que no les interfería en absoluto en su trabajo. Simplemente se sentían culpables porque no eran «dormilones estandarizados» de ocho horas.

Desde luego no es un estudio científico. Sin embargo, como no podemos pensar que mi ciudad sea la más insomne del planeta, quizás es que los patrones estándar no son más que eso, una guía: nadie confesó dormir 3 o 15 horas, ciertamente la mayoría de los valores se aproximan a las 8 horas, pero ninguno de los entrevistados dormía «exactamente» esas horas. Porque lo importante no son las horas, sino la sensación de descanso y el poder llevar una vida normal con las horas que uno duerme.

Muchos niños, si los comparamos con la tabla, seguro que duermen las horas que ésta marca, pero los padres suelen preguntar ¿cuánto tiempo deben dormir por el día? ¿Y por la noche? ¿Y las siestas?

Por esta razón, aparte de las tablas, se deben consultar los periodos en que pueden presentar episodios de sueño. Ya comentamos en el primer capítulo que los bebés suelen ser polisecuenciales (varias secuencias de sueño a lo largo de todo el día), mientras que los adultos somos unisecuenciales (sólo dormimos una vez, normalmente por la noche).

Veamos a continuación la tabla siguiente con los porcentajes de sueño que podría dormir su hijo por el día (entre las 9 y las 21 horas) o por la noche (entre las 21 y las 9 horas).[6]

Tabla 2

HORAS DE SUEÑO ESTÁNDAR Y SECUENCIAS

EDAD	Nº HORAS	SUEÑO DIURNO	SUEÑO NOCTURNO
0-2 meses	12-16	50% Varias secuencias a lo largo del día	50% Varias secuencias a lo largo de la noche
3-6 meses	10-15	30-40% Varias siestas	60-70% Varios despertares
6-9 meses	11-14	20-25% Dos (o 3) siestas: mañana y tarde	75-80% Varios despertares
9-18 meses	10-13	15% Dos siestas más reducidas	85% Son posibles varios despertares
19-36 meses	9,5-12	15% Dos siestas, pero tendencias a una	85% Son posibles varios despertares
3-4 años	8-12	0-10% Se pierde la siesta	90% Son posibles varios despertares
4 a 6 años	8-11	0% Ya no hay siesta	100% Despertares eliminados

Según la tabla, si tenemos un bebé de 7 meses que duerme 10 horas por día, más o menos dormirá unas 2 o 2,5 horas de siestas (es decir, dos siestas de 1 o 1,5 horas cada una) y unas 8 horas por la noche, siendo frecuente que aún tenga varios despertares.

[6] Este horario es el que se considera más normal en nuestra sociedad. En Estados Unidos sería de 7 de la tarde a 7 de la mañana.

Para evaluar la existencia o no de un trastorno del sueño es más importante observar las secuencias en que duermen nuestros hijos que el número total de horas. Por eso, en varias publicaciones[7] se suelen incluir tablas con las secuencias normales en cada edad. Observen la que exponemos a continuación:

Tabla 3

SECUENCIAS DE SUEÑO ESTÁNDAR DURANTE EL PRIMER AÑO

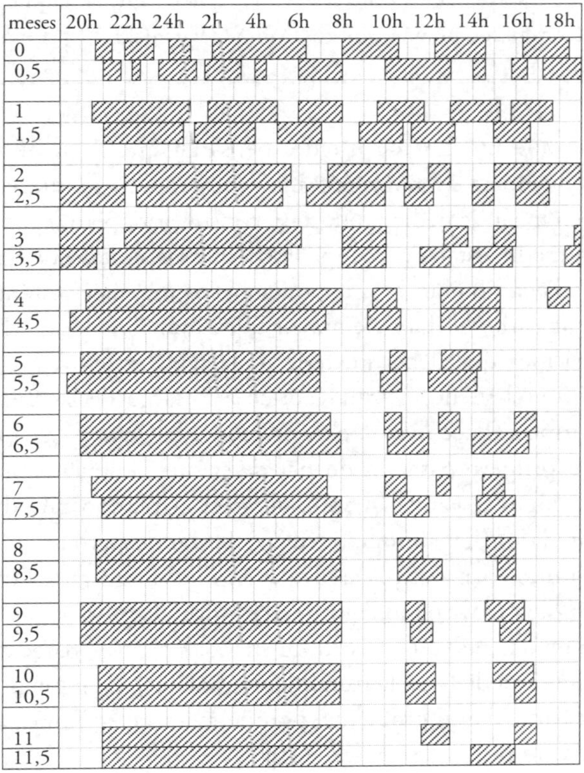

[7] Por ejemplo, Challamel, M. J. y Thirion, M. (2003), p. 29.

Como todas, esta tabla también es orientativa. No coja a su bebé e intente meterlo dentro a ver si sigue algún patrón.

Vean, sino, este otro caso:[8]

> Pregunta: mi hijo de cinco meses duerme 12 horas seguidas por la noche, pero por el día sólo hace tres o cuatro siestas cuando quiere y donde quiere, que ni siquiera alcanzan los treinta minutos. V.T.B. (Valencia).

Sé que muchos de ustedes pensarán que si su hijo de 5 meses durmiera 12 horas seguidas por la noche montarían una fiesta en lugar de pedir ayuda a un consultorio, pero seguramente esta madre estaba preocupada porque las siestas que hacía su hijo todavía no eran lo que ponía en los manuales estándar, es decir, unas dos al día y de mayor duración.

La idea que debe quedarle de la tabla anterior es que, al principio, el sueño es muy caótico a lo largo de las 24 horas. Conforme se hace mayor, el niño reduce el tiempo que duerme de día: primero pasará a un par de siestas, después a una y al final, ninguna. Paralelamente, alargará el tiempo que duerme durante la noche, aunque pueda presentar despertares.

Si unos papás explicaran que su hijo de 12 meses duerme 13 horas, la mayoría lo consideraría normal. No obstante, si les hacemos rellenar un registro de sueño, y éste es parecido a la primera línea de la tabla (totalmente caótico), seguramente estamos delante de un problema, porque más que las horas, a veces son más importantes las secuencias.

---

[8] Consultorio de la revista *Ser Padres,* julio de 2001, p. 20.

¿Cuáles son los principales problemas a los que nos enfrentamos cuando pretendemos evaluar a los niños mediante las tablas? Básicamente podemos resumirlos en:

- *Validez y estandarización.* Ya hemos visto anteriormente que las horas que un niño duerme pueden variar mucho en función de la cultura, por lo que la validez de unas tablas en otra cultura puede cuestionarse.

- *Confundir los valores promedios con valores absolutos.* El hecho de que muchas tablas (sobre todo las que no utilizan intervalos) digan que los bebés a los 12 meses duermen 13 horas no quiere decir que todos los bebés lo hagan, sino que es la media de horas que duermen los bebés de 12 meses. Se ha realizado calculando las horas que dormían varios bebés y haciendo la media, por lo que habría niños que dormirían menos horas y otros que más. Por eso, incluso los mismos niños utilizados para hacer las tablas podrían no seguirlas y presentar insomnio en casi la mitad de los casos. Curioso ¿no?

- *El léxico que utilizamos para leerlas.* Si observamos nuestra tabla horaria podríamos deducir que la mayoría de niños de cinco años *deberían* dormir entre 8 y 11 horas. Pues no, no *deben* dormir esas horas, sino que *pueden* dormir esas horas. Es decir, la mayoría son capaces de hacerlo pero no hay ninguna obligación de hacerlo así. Por otra parte, cuando observamos las tablas evolutivas de los niños leemos frases como: «Entre los 2 y 3 años se realiza el control esfinteriano». Esta frase no quiere decir que todos los niños *deban* hacerlo a esta edad, sino que la mayoría *puede* hacerlo. De hecho, la encopresis no se considera problemática hasta los 4 años y la enuresis hasta los 5.[9]

Vean a continuación esta frase: «A partir de los 6-7 meses, *todos los niños deberían* ser capaces de...».[10] En principio es falsa: no hay nada que todos los niños del mundo deban adquirir el mismo mes, aunque la mayoría puedan ser capaces de hacerlo. Pero si usted la lee, y su hijo no concuerda con eso, se va a alarmar, y con razón. En cambio, si el redactado fuera: «A partir de los 6-7 meses, la mayoría de los niños pueden ser capaces de...», seguramente la frase no asustaría tanto y, aunque seguiría sin ajustarse a la realidad, usted no se habría alarmado puesto que su hijo estaría en el grupito que todavía no lo hace.

La información de cómo es y cómo evoluciona el sueño de los niños es fundamental para averiguar si existe un problema o no. Estoy segura que si la mamá de Eva N., con la que iniciábamos este apartado, hubiera estado mejor informada sobre el sueño infantil, se habría ahorrado una preocupación. En general, para poder aprender de los errores primero necesitamos saber que los estamos cometiendo.

---

9 Según el DSM-IV.

10 Estivill, E. y Béjar, S. de (1995), p. 67.

3. Falta de sincronía

Cuando el hombre es feliz, está en armonía consigo mismo y con lo que le rodea.

O. WILDE

Lo que ven a continuación es un registro de sueño. Los especialistas los utilizamos para saber exactamente cómo y cuánto duerme un niño. Es de los primeros datos que debería pedirse en una consulta sobre el sueño.

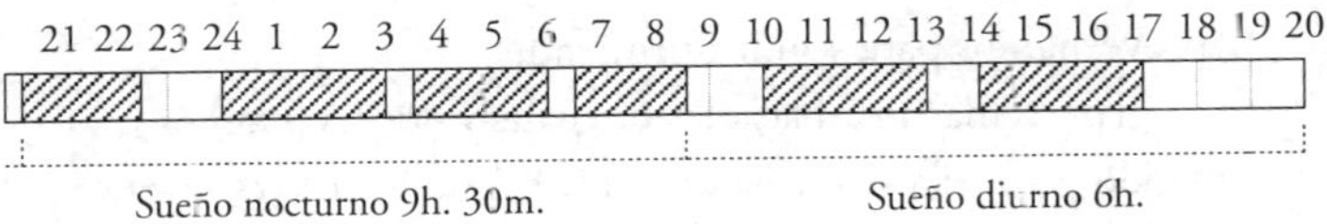

En este caso hemos puesto el registro de Ana B., una niña de 4 meses modélica en lo que a sueño se refiere. Fíjense que duerme unas 16 horas diarias (casi lo máximo a estas edades), repartidas en un sueño nocturno, más largo y diferenciado, y dos siestas diarias. Vaya, una niña «de libro».

Sus padres, Carmen y Antonio, maestros rurales[11], así nos lo explican muy orgullosos:

> Con Ana nunca hemos tenido ningún problema para dormir, ni antes que teníamos la baja maternal, ni ahora que ya nos hemos incorporado al trabajo. Cuando terminamos de cenar a las diez y media, se despierta para hacer la

11 En la mayoría de escuelas rurales de mi provincia el horario es de 9 o 9.30 de la mañana hasta las 12 o 12.30. Y por la tarde, de 15 a 17 horas.

última toma de pecho antes de dormir. Mientras la hace aprovechamos para hacer alguna actividad que nos gusta: ver en la tele algún programa, conectar el PC, leer, escuchar música, bueno, esas actividades relajantes que uno hace al terminar la jornada.

Hacia las 12 todos a dormir y, hasta las ocho de la mañana que nos levantamos, tan sólo nos reclama dos ratitos de apenas 10 o 15 minutos para hacer sus tomas nocturnas. Como le doy pecho, apenas nos despertamos, puesto que en cuanto se ha prendido, yo ya cierro los ojos y aprovechamos para seguir durmiendo.

Por la mañana, hacia las 8, cuando nos levantamos mi marido y yo, ella se queda dormida mientras nos vestimos y desayunamos. Solamente se despierta hacia las 8 y media para que le dé la última toma antes de que me vaya a trabajar.

La canguro que la cuida dice que mi hija es una ganga, puesto que apenas la ha aseado, cambiado y vestido, se le vuelve a dormir hasta la hora de su almuerzo, las 13 horas. Cuando regresamos al mediodía no se despierta hasta que hemos terminados de comer. Pide pecho y se despide de nosotros hasta la tarde. La canguro vuelve a asegurar que es una ganga porque, nada más irnos, se duerme hasta que regresamos.

Por la tarde, hacia las 17 horas, le doy el pecho y salimos a pasear con ella o aprovechamos para hacer algunas compras y encargos. Cuando volvemos a casa, alrededor de las 20 horas, la bañamos, hace su toma y la acostamos. La verdad es que hemos tenido mucha suerte.

Pues sí, supongo que muchos de ustedes darían cualquier cosa porque su hijo se asemejase a Ana. Y, si han leído mientras pasaban los dedos por encima del registro, se habrán dado cuenta que todo se correspondía a la perfección.

Pero la verdad es que he mentido. Sí, les he mentido. Esta historia me la imaginé yo cuando vi el registro de sueño de esta niña. No podía ser de otra manera. No, hasta que oí a sus padres (trabajadores de banca en una gran ciudad). Ésta es la historia real de Ana B.:

Ana siempre ha sido una niña difícil para dormir, pero ahora que hemos empezado a trabajar, aún más. Por la noche intentamos acostarla pronto y seguimos una rutina que nos han dicho que funciona, así que después de bañarla le damos de cenar y la acostamos hacia las 20.30 horas. Pero, apenas terminamos de cenar y nos queremos ir a dormir, parece que lo haga adrede: ¡se despierta y nos mantiene en vela hasta medianoche!

A partir de ahí viene nuestro calvario porque, apenas no llega a las tres horas, se vuelve a despertar reclamando pecho, y a las siete de la mañana, cuando nos levantamos para ir al banco, apenas nos ha dejado dormir 6 horas, no seguidas, despertándonos cada dos o tres horas.

Creemos que nos toma el pelo, puesto que en cuanto nos vamos se queda dormida. La canguro que la cuida ya nos ha dicho que es una ganga puesto que no se despierta hasta las 9. Entonces, apenas la viste y da de desayunar, vuelve a caer dormida. Y así todo el día, en que parece que sólo se despierte para comer.

Cuando regresamos por la tarde, puesto que comemos fuera, parece que nos huela, porque nada más cruzar el umbral se despierta. Con nosotros no hay manera de dormirla y se pasa toda la tarde reclamando nuestra atención. A las 8 de la noche, más o menos, volvemos con el ritual pero no nos sirve de nada, ya sabemos que vendrá otra noche sin dormir. Todos nos dicen que tenemos que hacer algo rápido o nos va a tomar el pelo toda la vida.

¿Quién tiene un problema?, ¿Ana o los padres de Ana? Evidentemente, los pobres padres de Ana, que con una niña tan pequeña y que aún requiere muchos cuidados, se ven obligados a trabajar durante muchas horas fuera de casa. Evidentemente hay un problema de sincronía entre las necesidades de la niña (perfectamente normales) y las necesidades de los padres. Alguien dirá que estos padres tendrían que hacer algo por mejorar esta sincronía (y es acertado, porque mejor que lo hagan los padres ya que la niña es muy pequeña para cambiar nada), pero... ¿ustedes creen que los padres no lo han intentado todo para conseguir mejorar la conciliación de la vida familiar y laboral? A veces no está en sus manos.

Nuestra sociedad, a pesar de las mejoras conseguidas en los últimos tiempos, aún está lejos de poder ofrecer a padres y madres un sistema de trabajo que permita compaginar la vida familiar, social y laboral.

Haslam[12] apunta este hecho como desencadenante de la mayoría de problemas:

«Los problemas siempre surgen por el hecho de que los padres necesitan dormir en horas que no se ajustan a las

---

[12] Haslam, D. (1985), p. 22.

> del niño. Éste no se da cuenta de que despertarse a las tres de la madrugada con ganas de jugar es antisocial. [...] Las tensiones se crean porque los adultos han de ceñirse a un horario que, al menos al principio, carece de sentido para el niño.»

En países en donde la mujer trabaja pero hay unas redes sociales que la ayudan en la crianza y en el trabajo, los problemas de sueño son mínimos, puesto que padres y madres pueden adaptarse más al horario del niño. Así, en las comunidades africanas, donde la mujer se lleva a su hijo a cualquier trabajo que realice, y puede adaptarlo a las necesidades del bebé; en donde no se le censura si llega tarde; en donde las redes sociales le permiten dejarlo en cualquier momento con otra mujer de su confianza; en donde no es criticada si carga todo el día con su bebé o si duerme con éste, los trastornos del sueño son prácticamente desconocidos; entre otras cosas porque las madres saben que a cortas edades es muy normal que un niño se despierte y pueden sincronizar mejor su vida con su bebé. Y esto es lo que les ocurría a los hipotéticos padres de Ana, que como estaban sincronizados con su hija no tenían problemas a la hora de dormir.

Más cerca de nosotros, en los países nórdicos, donde hay políticas natalistas mucho mejores que las nuestras, han conseguido, por ejemplo en Noruega[13], que casi el 90% de la población llegue con lactancia a los 3 meses (y cada vez más niños son amamantados hasta que cumplen un año o más). Estas madres, que a menudo duermen con sus bebés, se sienten menos ago-

13 Dato extraído de Nylander, G. (2004), p. 173.

biadas por los despertares de sus hijos. ¿Cómo lo han hecho? Pues, entre otras cosas, tienen un año de baja maternal y así pueden adaptar más su estilo de vida al de sus hijos.

Tenemos una sociedad que no entiende que en la crianza de los niños está el futuro de nuestra especie. Los Estados fomentan políticas natalistas pero, ¿cómo quieren que los verdaderos padres de Ana tengan otro hijo con el horario que hacen?

4. Hacer de lo normal un problema

No se puede usted recuperar de un problema que no tiene.
A. BLOCH

Si mira estadísticas se irá dando cuenta de que las dificultades para conciliar el sueño y los despertares frecuentes son muy normales hasta bien entrados los 3 años. ¿O piensa usted que la cantidad de libros que se venden anualmente sobre este tema los compra todos la misma persona? No, la mayoría de padres piensan que tienen un problema con el sueño y, si tuvieran razón, estaríamos ante la mayor epidemia de los últimos años.

Parte de estos errores tienen su origen en errores de interpretación de los estudios. Vean el siguiente ejemplo:

Los ¡kung san[14] del Kalahari llevan a sus bebés desde que nacen enganchados a la madre mediante unos cabestrillos semirrígidos, que les permiten gran movilidad y permanecer en vertical, ya que ellos creen que los bebés dejados en

[14] También conocidos como bosquimanos.

posición horizontal nunca desarrollan una buena capacidad motriz.[15] A los pocos meses, incluso ya se les estimula para mantenerse erguidos. Se cree que, debido a ello, los bebés ¡kung san son los más precoces del mundo a la hora de andar, aproximadamente a los 9 meses, mientras que la media española se sitúa en torno a los 12 meses.[16]

Pero no pasa nada. No nos hemos de lanzar como locos a inventar cabestrillos postparto para que anden antes, ya lo harán de todos modos.

Mejor, pregúntese: ¿es mejor andar antes o después?

Los ¡kung san son un pueblo nómada de zona desértica. Para ellos, el tener bebés que anden lo antes posible es un asunto de supervivencia, por eso muchos de sus esfuerzos van dirigidos en este sentido.

En cambio, los aches del Paraguay, que viven en un entorno selvático próximo a la selva amazónica, intentan impedir que sus hijos anden y sean autónomos en este sentido hasta los 4-5 años. Los aches los llevan encima constantemente y desalientan en sus pequeños cualquier exploración del territorio. Pueden imaginarse que, con la gran vegetación de la selva y los peligros que esta entraña, un bebé de un año correteando, escapándose y escondiéndose entre las matas, sería un candidato a menú del día.

En caso de supervivencia de la especie haga lo que mejor le parezca, pero en nuestra sociedad, alejada de esos peligros, es mejor dejar que los niños anden cuando ellos decidan y estén preparados. Pero imaginen que aparece una noticia como ésta:

«El 40% de los niños españoles presenta problemas a la hora de andar a los 12 meses de edad. Se supone que es debido

---

15 Small, M. F. (1999), p. 112.

16 Se considera normal cualquier momento entre los 10 y los 18 meses.

a los malos hábitos adquiridos por haberse acostumbrado a ser porteados en horizontal en lugar de verticalmente.»

Alarmante, ¿verdad? Y puede que sea cierto, como ya hemos visto.

Dicen que la estadística es un método lógico y preciso para decir una verdad a medias con toda exactitud. Bromas aparte, el problema no está en las estadísticas, sino en la mala interpretación que se hace de éstas. Los estudios correlacionales son peligrosos puesto que si no se tienen en cuenta todas las variables pueden inducir a errores. Vean sino este otro:[17]

«El 30% de los españoles tiene problemas para conciliar el sueño, principalmente por malos hábitos adquiridos al dormir durante los 5 primeros años de vida.»

Puedo creer que el 30% de los españoles tengan problemas para conciliar el sueño, pero no veo tan claro que principalmente sea por malos hábitos adquiridos. ¿Por qué? Por tres motivos:

1. Está bastante extendido que alrededor del 30% de la población adulta de países desarrollados, similares al nuestro, tienen insomnio. Pero también se sabe que hay más de treinta causas para el mismo (la mayoría de origen médico o psicológico), como la ansiedad, la depresión, el consumo de sustancias estimulantes... Así, los malos hábitos adquiridos suponen una parte mínima de estas causas. Hacer un reduccionismo semejante de un problema que tiene en vela a muchos españoles puede llegar a ser cruel. Imagínense a una persona con

---

[17] Está sacado de la Red. Si buscan, encontrarán numerosos estudios como éste, todos faltos de rigor científico.

En este caso: *http://www.20minutos.es/noticia/52619/0/problemas/conciliar/sueno/*

un problema psicológico que no le deja dormir, culpando a sus padres porque antes de los 5 años no le inculcaron no sé qué hábitos.

2. Puede que ese estudio no se refiera a todos los tipos de insomnio, sino solamente a los no explicables de entrada, aun así, siguen sin cuadrar las explicaciones: Según el DSM-IV[18], la prevalencia de insomnio primario (dificultades para conciliar el sueño sin otra causa aparente) en la población adulta es de tan sólo un 1-10%, mientras que en los ancianos asciende a un 25%. Pero no son los adultos, sino los ancianos, quienes mayormente padecen este trastorno. Y ¿por qué? Ya explicábamos en el primer capítulo cómo el sueño de los ancianos es más ligero y repartido en pequeñas siestas a lo largo de todo el día, mientras que duermen menos por la noche (o les cuesta más coger el sueño). Este tipo de sueño es vivido por muchos ancianos como un verdadero insomnio y no como una característica de su forma de dormir.
Pero si recordamos el estudio: «El 30% de los españoles tiene problemas para conciliar el sueño, principalmente por malos hábitos adquiridos al dormir durante los 5 primeros años de vida», la única explicación que se me ocurre es que los adultos debemos olvidar los malos hábitos adquiridos y por eso casi no tenemos insomnio primario, pero que, al llegar a la vejez, los abuelos recuerdan de nuevo a sus madres cuando les inculcaban malos hábitos y ¡hala! ¡Se malcrían otra vez!

---

18 *Manual diagnóstico y estadístico de los trastornos mentales*. 2002.

3. Ahora imaginen que este estudio se hace mediante una entrevista a los sujetos (es como suele hacerse). Éstos contestan en un 30% que sí, que actualmente tienen insomnio primario y la mayoría reconoce que sus madres han hecho lo siguiente: «Mecerlo en la cuna, cogerlo en brazos, darle la mano, cantarle o contarle un cuento en la cama, dejar la luz encendida o permitirle dormir con ellos».[19] ¿Es eso suficiente motivo para pensar que es la causa por la que les cuesta conciliar el sueño? Vean este «estudio»:

«El 30% de los españoles tiene problemas para conciliar el sueño, principalmente por comer patatas durante los cinco primeros años de vida.» No me sería muy difícil demostrar que la mayoría de los insomnes españoles comió patatas antes de los 5 años pero, créanme, ésa no es la causa de sus dificultades en el dormir.

Un buen estudio sería aquel en que se calculase primero si el porcentaje de gente a la que se acunó, cantó, etc., es más elevado en la población insomne que en la normal. Si es por igual, quiere decir que hay tantos sanos como insomnes a los que se ha acunado, por lo tanto ésa no es la explicación del problema. Y, segundo, en el caso de que hubiera más acunados entre los insomnes, aún quedaría por ver la causa. Puede que con los insomnes sus madres lo probaran todo antes de darse por vencidas, mientras que los que no presentaron problemas no eran objeto de tantas atenciones. Como resultado, el origen del insomnio no serían los malos hábitos, sino que éstos serían una consecuencia del mal dormir de la criatura.

---

[19] Extraído textualmente del mismo artículo.

Ahora que ya saben mirar un poco más entre líneas este tipo de estudios, ¿qué me dicen de este?:[20]

> «Encuesta realizada por pediatras del hospital Posadas. [...].
>
> Sólo el 18,7% de los niños duermen toda la noche durante el primer año de vida. Los médicos apuntan a los malos hábitos de sueño».

O estamos ante la mayor epidemia en la historia de la pediatría (un trastorno que afecta al 81,3% de los niños menores de un año es de dimensiones apocalípticas) o quizás quepa pensar que igual es lo normal a estas edades.

De momento, hay estudios de hace más de tres décadas que apuntan a datos similares entre la población infantil. Esos niños han crecido y no se han mantenido esas cifras en la población adulta, por lo que podemos suponer que a lo mejor es normal que se den despertares en estas edades. O que con malos hábitos o sin ellos, de adultos van a dormir como los otros adultos, puesto que no hay un incremento de patologías en este sentido cuando uno deja de ser niño. Pero no me hagan caso. Busquen, indaguen, investiguen. La única forma de saber qué pasa está en hacer buenos estudios y en interpretarlos correctamente (o al menos con prudencia).

Los estudios observacionales y correlacionales sirven como base para muchas investigaciones, pero hay que saber hacerlos y ser prudentes en sus resultados. Rechace estudios alarmantes

---

20 Publicado en el diario *Clarín* de Buenos Aires del 19-1-2005.

hechos únicamente con estadísticas mal interpretadas. Muchos de ellos sólo pretenden asustarle y demostrar una veracidad que con otro tipo de estudio no se sostendría de ninguna manera.

Por cierto, ¿sabían que el 30% de la gente que lee este libro...?

Resumen del capítulo 2

- *Hay que saber diagnosticar con precisión cada trastorno del sueño.* Cada tipo de problema tendrá un abordaje diferente. Desconfíe de métodos que sirven para todo.

- *Se pueden dar errores de diagnóstico.* Principalmente se trata de: error en la interpretación del comportamiento del bebé, falta de información sobre lo que es normal a cada edad, falta de sincronía entre los horarios de los padres y el de los niños, y hacer de lo normal un problema sembrando la alarma.

- *Antes de pensar que su hijo duerme mal, compruébelo.* La información está para eso. Busque información contrastada sobre lo que es normal a cada edad.

- *Intente ponerse muchas veces en la situación del niño.* ¿Qué puede necesitar? ¿Qué querrá? Mire la vida con ojos de niño. No malinterprete sus peticiones.

- Los horarios que hacemos (y que intentamos que ellos sigan) no son los más adecuados. Muchas veces la *falta de sincronía* entre las obligaciones de unos y los derechos del otro son el único y real motivo de conflicto.

- Llevamos miles de años sin «métodos para dormir niños» y nunca ha habido mayores problemas con ellos. Todos acababan durmiendo. *Y todos acabarán durmiendo algún día.* No se deje influenciar por alarmismos.

Capítulo 3
Los trastornos del sueño: un verdadero problema

Nuestros sueños son nuestra única vida real.

F. FELLINI

Real o no, la verdad es que de nuestros sueños depende nuestra vida. Tanto es así que una persona puede pasar más tiempo en huelga de hambre que en huelga de sueño. El hecho de que se altere nuestro sueño llega a ser un problema muy importante, pues puede incapacitarnos en gran medida cuando estamos despiertos.

Éste va a ser un capítulo denso para quienes no estén familiarizados con los problemas del sueño. Piense que es necesario tener información sobre este tema para poder discernir si su hijo requiere alguna atención especial. Para facilitarle la tarea, puede fijarse sólo en aquellos aspectos que identifican a su hijo.

La mayor parte de la bibliografía sobre el tema suele dividir los trastornos del sueño en dos categorías:

1. *Disomnias*: trastornos en la cantidad, calidad y horario de sueño como, por ejemplo, dormir pocas horas, tener el horario de sueño cambiado o tener la sensación de no descanso, entre otros.

En este apartado se incluyen la mayoría de las consultas de los padres que acuden a un especialista y, por lo tanto, enseñaremos cómo pueden evaluarse.

2. *Parasomnias*: acontecimientos o conductas anormales durante el sueño o en momentos de transición sueño-vigilia. Como por ejemplo las pesadillas, el sonambulismo, los terrores nocturnos, etcétera.

No obstante, las clasificaciones suelen ser modelos para ordenar siguiendo un determinado criterio. Como estos criterios suelen cambiar, ya sea por la evolución del conocimiento de la materia, ya sea por las diferentes teorías sobre ella, pueden encontrar si consultan otros manuales otras clasificaciones diferentes, más o menos detalladas, pero igualmente válidas.

Trastornos más frecuentes del sueño infantil

1. *Disomnias*: trastornos en la cantidad, calidad y horario de sueño.

   — Cantidad de sueño insuficiente.
   — Cantidad de sueño excesiva.
   — Alteraciones en la calidad del sueño: apneas y despertares nocturnos.
   — Alteraciones horarias.

2. *Parasomnias*: acontecimientos o conductas anormales durante el sueño.

— Pesadillas.
— Terrores nocturnos.
— Sonambulismos.
— Somniloquia.
— Bruxismo.
— Automecimiento.
— Mioclonias.
— Ilusiones hipnagógicas e hipnopómpicas.

Disomnias

En esas noches en que no concilio el sueño
No te imaginas amor, cómo te extraño.
A. MANZANERO, *TE EXTRAÑO.*

En este apartado se incluyen la mayoría de las consultas de los padres que acuden a un especialista y, por lo tanto, les enseñaremos a valorarlas.

Recuerde:

En cada caso, el diagnóstico de certeza sólo puede venir de la mano de un profesional. No obstante, con los indicadores que les comentamos en este capítulo, pueden hacerse idea de si su hijo podría estar presentando algún trastorno que, de otra manera, se les podría pasar por alto.

Ya hemos visto cómo el sueño infantil es muy diferente del sueño adulto, por lo tanto no nos sirven los mismos indicadores para medir este tipo de alteraciones. Actualmente, hay poco consenso en los criterios para medir las disomnias en los bebés y niños pequeños, así que hemos optado por recoger las más frecuentes.

Cantidad de sueño insuficiente

En los adultos se suele hablar de insomnio primario cuando uno duerme poco, le cuesta dormir o se despierta mucho. Por eso no hemos querido darle este nombre cuando hablamos de niños, porque pensamos que debe abordarse de diferente manera.

Pueden imaginarse que hay niños que duermen pocas horas, pero que no les cuesta coger el sueño, y otros a los que sí que les cuesta dormirse pero luego duermen las horas normales para su edad. En cambio, en las personas mayores, tanto si dormimos pocas horas como si nos cuesta dormir, el resultado es el mismo: falta de sueño, ya que el ritmo de vida y de trabajo nos obliga a seguir con nuestras obligaciones. En los niños en edad no escolar (o que aún duermen siestas) el hecho de que les cueste dormir no implica una falta de sueño, ya que lo pueden compensar durmiendo un poco más en cualquiera de los diferentes intervalos.

Por esta razón, un diagnóstico de cantidad de sueño insuficiente en edades primeras es muy difícil de hacer. Para su tranquilidad le diremos que es prácticamente inexistente, y la idea que suele estar más extendida es que no importa tanto las horas que uno duerma como la sensación de descanso.

Para saber si nuestro hijo presenta una insuficiencia en cuanto a la cantidad de horas de sueño debemos consultar las tablas (que nos pueden servir de orientación) y, ante la duda, hay que ver si eso provoca un deterioro significativo en el niño. Si el niño está bien, seguramente es que descansa las horas que necesita. Pero si observa que su hijo duerme poco y muestra signos de cansancio, es posible que presente un trastorno de este tipo.

Continúe hasta el capítulo 5 por si podemos ayudarle a incrementar el número de horas de sueño, tanto en el caso de que haya signos de cansancio como si no y, en caso de que su hijo no mejore (y usted le siga notando muy alterado por las pocas horas que duerme), consulte con su pediatra. Hay alteraciones tanto psicológicas (ansiedad, depresión…) como médicas (reflujo, infecciones…) que pueden provocar este tipo de insomnio, en cuyo caso debe ser evaluado por un profesional. Si su hijo tiene una de estas alteraciones el dejarle llorar no va a solucionar nada.

Cómo evaluar la cantidad de sueño insuficiente en niños

1. El niño presenta una reducción importante del número de horas de sueño estándar para su edad durante al menos un mes.

2. Esta reducción del sueño (o la fatiga diurna asociada) provoca en el niño un malestar clínicamente significativo (irritabilidad, somnolencia...) o deterioro de alguna área o actividad del individuo (pérdida de interés por los juegos, por relacionarse socialmente, falta de atención o concentración, etcétera).

3. Esta alteración no es explicable por ningún fármaco, tratamiento médico, trastorno mental previo, parasomnia o cualquier otra disomnia (véase alteraciones horarias).

Recuerde que si usted observa estos síntomas debe acudir a un especialista para que realice un diagnóstico adecuado, ya que los criterios expuestos para evaluar la cantidad de sueño son solamente los básicos.

Cantidad de sueño excesiva

¿Pensaban que no existía eso? Pues sí, hay niños que duermen «demasiado», pero eso es también un problema.

En los adultos suele hacerse la diferenciación entre «hipersomnia» y «narcolepsia» pero en bebés (aparte de que el trastorno es casi inexistente en la población sana) es muy difícil, por eso hemos optado por denominarlo «cantidad de sueño excesiva». Veamos:

La diferencia principal entre la hipersomnia y la narcolepsia es que la primera se caracteriza por una excesiva somnolencia (aunque a veces no llegan a dormirse) y la segunda cursa con ataques incontrolables de sueño contra los que no pueden luchar (a veces se dan pequeñas cataplejías o pérdidas del tono muscular). Pero en bebés esto es muy difícil de separar: ¿cómo sabe si su hijo se duerme por excesiva somnolencia o porque es un ataque repentino de sueño? Descartada la explicación por parte del bebé (los adultos sí pueden hacer la diferenciación), la única forma sería en ese momento realizar un registro polisomnográfico[1], ya que en la hipersomnia de los niños su sueño nocturno no tiene por qué estar alterado, mientras que en la narcolepsia suele darse intrusiones recurrentes de sueño REM en las fases de transición entre la vigilia y el sueño.

También se dan alucinaciones hipnagógicas[2] (como soñar estando despierto) entre la vigilia y el sueño, pero los bebés no pueden explicarlo.

Los trastornos de sueño excesivo en población infantil sin otra patología asociada son prácticamente desconocidos. Por eso, la mayoría de estudios citan casos a partir de los 10 años.[3]

Para saber si un niño presenta una cantidad de sueño excesiva consulte las tablas, pero si usted ve que su hijo simplemente es más dormilón que la mayoría, pero lo hace en las secuencias normales para su edad (tabla 3) aunque sean más largas, y que cuando está despierto es un niño activo, lo más seguro es que usted tenga un hijo que necesite dormir más. Nada debe preocuparle.

No obstante, si usted observa que su hijo duerme más de lo habitual pero de una forma caótica (a la mínima se queda dormido), que cuando está despierto no está muy activo sino que parece que vaya a medio gas, o que tiene una somnolencia excesiva durante todo el día, puede que sea un candidato a tener

---

[1] Es una prueba médica en la que se miden los principales aspectos del sueño: ondas cerebrales, respiración, tensión muscular, etc.

[2] Véase definición al final de este capítulo.

[3] En el caso de la narcolepsia (síndrome de Gelineau) sólo consta que en un 18% de los casos empieza antes de los 10 años, pero no hay datos de cuándo puede presentarse en concreto. En el caso de la hipersomnia, en concreto el síndrome de Kleine Levin, suele aparecer en el varón, sobre todo, entre los 10 y 20 años.

un trastorno de hipersomnia o narcolepsia. Si es ése el caso, la causa suele ser de origen médico[4] y/o psicológico.

Cómo evaluar la cantidad de sueño excesivo en niños

A. El niño presenta como mínimo uno de los siguientes síntomas:

1. Incremento importante del número de horas de sueño estándar para su edad (en más de 2 o 3 horas), durante al menos un mes.
2. Ataques de sueño irresistible en el momento en que está tranquilo o llevando a cabo una actividad monótona: en clase, delante de la tele, comiendo...
3. Persistencia de la siesta después de los 6-7 años.
4. Despertar muy difícil, con un estado de confusión y «borrachera» de sueño. Los niños mayores, que ya pueden hablar, pueden referir imágenes que recuerdan mucho a los sueños (hipnagógicas) justo antes de quedarse dormidos.

B. Esta somnolencia excesiva provoca en el niño como mínimo uno de los siguientes síntomas:

1. Hiperactividad importante asociada a unas siestas inesperadas.

---

[4] Hay niños muy dormilones y levemente hipotónicos, a los que meses después se les diagnostica un trastorno del desarrollo u otras patologías neurológicas, y en estos casos el que sean niños «tan buenos» y «que duerman tan bien» retrasa el diagnóstico varios meses.

2. Malestar clínicamente significativo: fatiga, somnolencia excesiva, irritabilidad...
3. Falta de atención o concentración.
4. Síntomas oculares: el niño se queja de tener la impresión de ver borroso, de que le piquen los ojos o de bizquear.
5. Bostezos frecuentes.

C. Esta alteración no es explicable por ningún fármaco, tratamiento médico, trastorno mental previo, parasomnia o cualquier otra disomnia.

Ante la presencia de estos síntomas no dude en acudir a un profesional. Aquí le ofrecemos la primera criba, pero el diagnóstico definitivo deberá dárselo un especialista que examine al niño.

Alteraciones en la calidad del sueño: apneas y despertares nocturnos

En niños pequeños pueden confundirse y solaparse ambas patologías porque un niño con apneas suele despertarse frecuentemente por la noche. Estos niños son candidatos habituales a que sus padres les apliquen métodos del tipo «dejar llorar según una tabla de tiempos» porque, mientras no mejore su respiración, verán interrumpido su sueño.

Lo más triste es que los niños pueden pasarse muchos días llorando pues estos métodos no suelen funcionar, de forma que los padres insisten bastante tiempo antes de descubrir que les pasa algo más importante que no les deja dormir adecuadamente.

Tomás y Laura consultaban por un problema de celos de su hija Berta de 4 años. Cuando les pregunté cómo dormía, ya que muchos niños con problemas similares tienen alteraciones como pesadillas, etcétera, me contestaron:

«Este año bien, pues el doctor le extirpó las vegetaciones. Berta siempre había dormido muy mal hasta que la llevamos al otorrino por otro problema y nos indicó la causa. Lo cierto es que nos alegró por la niña, que ahora ya descansa, y por nosotros, que estuvimos a punto de dejarla llorar cuando era pequeña. ¿Se imagina cómo nos sentiríamos ahora?»

1. Apneas

Si usted tiene un niño que se despierta frecuentemente por la noche, suele dormir con la boca abierta y normalmente ronca o lo nota usted como si siempre estuviera acatarrado cuando duerme, puede que esté delante de un síndrome de apnea obstructiva del sueño (SAOS). Si, además, hay pausas respiratorias impresionantes y evidentes para usted, es casi seguro.

No obstante, en los niños los síntomas tienen un carácter más sutil que en el adulto, y el diagnóstico suele ser más difícil, de ahí la importancia de consultar con un especialista porque suele ser necesaria la polisomnografía para confirmarlo.

En estos casos más sutiles hay un aumento de la agitación nocturna y posturas de sueño poco usuales en el niño (dormir apoyado en las manos y las rodillas). También puede sospechar si hay enuresis secundaria (el niño que ya controlaba esfínteres por la noche vuelve a hacerse pipí).

Ante la menor duda consulte con el pediatra de su hijo. En nueve de cada diez casos la solución es fácil. No hay más que extirpar las amígdalas (seguramente hipertrofiadas). En otros casos, se pueden dar otras causas de la obstrucción como malformación de la boca o los maxilares, hipotonía de la faringe, etcétera. Como ve, tampoco en estos casos el dejarle llorar va a solucionar nada.

Cómo sospechar una apnea obstructiva del sueño en niños

A. El niño puede presentar varios de estos síntomas durante el sueño:

1. Ronquido.
2. Respiración con la boca abierta.
3. Pausas respiratorias con signos de agitación.
4. El pecho se hunde durante la inspiración en lugar de expandirse.
5. Sueño agitado.
6. Transpiración anormal.
7. Posición para dormir anormal (sentado, cabeza muy hacia atrás, encima de las manos...).
8. Enuresis (normalmente secundaria).
9. Despertar difícil por la mañana.
10. Posibilidad de pesadillas, terrores nocturnos, sonambulismo.

B. El niño puede presentar varios de estos síntomas durante el día:

1. Somnolencia.
2. Hiperactividad.

3. Agresividad.
4. Irritabilidad.
5. Dificultad de concentración.

C. Otros elementos a tener en cuenta cuando se examina al niño:

1. Hipertrofia de las amígdalas y vegetaciones.
2. Obstrucción rinofaringea.
3. Otitis.
4. Anomalías maxilofaciales.

D. El diagnóstico definitivo lo dará un registro poligráfico del sueño. Consulte con su pediatra si sospecha que su hijo presenta un SAOS; él es quien decidirá si la prueba es pertinente o no.

2. Despertares nocturnos

Todos nos despertamos durante la noche, ése no es el problema, el problema viene cuando no nos podemos volver a dormir y perdemos horas de sueño.

En los adultos suele también llamarse «insomnio de mantenimiento», para diferenciarlo del de conciliación, que es el que presentamos cuando nos acostamos y no podemos dormirnos.

Normalmente, en los adultos tan sólo es de un despertar por la noche, en el que a veces pueden volver a coger el sueño y otras ya no. Va ligado siempre a una patología, tanto médica como psicológica, porque los adultos ya saben volverse a dormir por la noche y si no pueden conseguirlo es debido a algún problema.

En los adolescentes, a partir de los 11 años, pueden darse patrones similares a los de los adultos, que seguramente también responderán a problemas de tipo médico o psicológico (ansiedad, pesadillas...), pero también puede darse más de un despertar. ¿Por qué? Se supone que a partir de estas edades se da un «aligeramiento» del sueño profundo. Éste se reduce en la primera parte de la noche, con lo que su sueño puede ser más ligero y, por ende, puede despertarse con el más leve vuelo de una mosca.

Pero, ¿y los niños?

Ya hemos visto cómo hasta los 3-4 años los despertares pueden considerarse parte del desarrollo normal del niño porque éste aún no ha aprendido a controlarlos. Es sólo a partir de estas edades cuando podemos sospechar un problema. O en el hipotético caso de que durmiera perfectamente toda la noche y a los 3 años dejara de hacerlo.

Imaginen un niño de 15 meses que no anda: ¿tiene un problema? Pues si nunca ha andado, seguramente no, ya que hasta los 18 meses puede ser normal. Pero si un niño anda desde los 10 meses y a los 15 deja de hacerlo, llévenlo a su pediatra enseguida.

Veamos un ejemplo:

Ángel tiene 12 años. Desde hace meses, cada noche se despierta dos o tres veces sin saber por qué y le cuesta mucho volverse a dormir, a veces hasta una hora y media. El resultado es que a la mañana siguiente no rinde en clase, porque desde las 11 que se acuesta hasta las 8 que se levanta apenas puede dormir 5 o 6 horas, interrumpidas en varios periodos.

Éste sería un caso de verdaderos despertares nocturnos o de problemas en el mantenimiento del sueño. ¿Por qué? Porque cumple las tres premisas fundamentales para ello.

Cómo evaluar los despertares nocturnos en niños

1. Niños que ya sepan volverse a dormir solos.
2. Que esos despertares impliquen un malestar clínicamente significativo en el niño o un deterioro de las actividades de la vida diaria y, sobre todo,
3. Que no haya una causa evidente que los provoque.

Pero imagine los siguientes casos:

- Carlos, de 6 años, se acuesta hacia las 10 de la noche y tiene despertares por la noche a la 1, a las 3 y a las 5 que le duran casi media hora, curiosamente coincidiendo con la apertura, afluencia máxima y cierre del local nocturno que tiene debajo de su balcón.
  ¿Usted haría un diagnóstico de despertares nocturnos o insomnio de mantenimiento? No, porque hay una causa evidente.

- Erick tiene cuatro meses y se despierta varias veces por la noche desde que nació. A veces se duerme rápido, pero otras permanece despierto un buen rato. Por la mañana, Erick está feliz y contento.
  ¿Haría un diagnóstico de despertares nocturnos? No, porque el niño aún no ha controlado nunca sus despertares; hay que darle tiempo para que lo haga por sí solo.

Tampoco hay malestar en el sujeto, que es otra premisa básica.

¿Cuándo podremos decir que nuestro hijo tiene insomnio de mantenimiento?

Difícilmente eso se va a dar antes de los tres o cuatro años. ¿Por qué? Porque el sueño es un proceso evolutivo y hasta que un niño no haya superado la edad para aprender a controlar sus despertares nocturnos no podemos decir que sus despertares son patológicos.

En el caso de que sean patológicos, debidos a enfermedad médica o a alteraciones psicológicas, acudan a un profesional (su pediatra puede ayudarles a elegir lo más idóneo en el caso de su hijo), pero si lo que pasa es simplemente que su hijo se despierta por la noche porque aún no controla esos despertares, vea las recomendaciones que le hacemos en el último capítulo.

Alteraciones horarias

Palabras como *jet-lag* o «cambios de turno» empiezan a ser muy frecuentes para determinados trabajadores que se ven sometidos a continuos viajes transoceánicos o a guardias y horarios nocturnos. Los niños no suelen verse sometidos a estas alteraciones tan frecuentemente pero también pueden presentar alteraciones horarias, tanto en adelantos como en retrasos de fase, que pueden repercutir en su sueño.

Para que de verdad repercutan en el mismo, nuestro organismo debe tener interiorizado el ritmo circadiano (muy difícil antes de los 4 meses, siendo bastante habitual a partir de los 7), y tener maduro el núcleo supraquiasmático del hipotálamo, que es quien tiene la responsabilidad cíclica del sueño y la vigilia (muy difícil antes de los 6 meses). Si estas dos premisas no se dan, es casi imposible que un niño presente alteraciones de adelanto o retraso de fase porque su fase de sueño aún no está bien establecida.

Una de las hipótesis de trabajo sugiere que los bebés nacen tan caóticos porque no saben en qué sociedad lo harán ni qué horario es el más normal en su comunidad, así que nacen sin ritmo circadiano para que, poco a poco, se puedan adaptar al de su zona.[5] El hecho de ser caóticos al principio hace que noten poco los cambios, y si los notan, pueden descansar y solucionarlo a base de pequeños sueñecitos reparadores. El hecho de ser caóticos al principio también les ayuda en la necesidad que tienen de hacer comidas frecuentes.

¿Se imaginan a un bebé a punto de nacer con el ciclo circadiano ya adquirido y los sincronizadores internos y externos perfectamente asimilados, naciendo en plena noche y sometido a un lavado de agua fresquita y a las revisiones médicas de rigor? Sufriría una alteración peor que la del *jet-lag*. Empezaría el día a las tres de la madrugada, cenaría a la hora de comer y se acostaría a las 5 de la tarde.

La naturaleza nos prepara para solucionar estos pequeños desajustes durante los primeros meses. Parecen caóticos pero, a lo mejor, siguen un plan establecido por la naturaleza.

---

5 A veces pensamos que todo el mundo duerme como nosotros y no es así: los inuits, un pueblo esquimal, duerme unas 14 horas por noche en el invierno y unas 6 en verano. No se conoce que tengan problemas para adaptarse a estas diferencias porque, al igual que nosotros, nacen caóticos y desde pequeños van adaptándose. Uno de los sincronizadores más potentes que tenemos para regularnos es la luz del sol, quizás por ello no les cuesta tanto a los inuits hacer un horario tan diferente, puesto que las horas solares varían mucho de invierno a verano.

Cuando los niños son mayores (sobre todo si ya no hacen siestas) un cambio brusco en sus horarios se puede notar. ¿Qué le pasaría a usted si de repente un cambio de trabajo le obligara a levantarse tres horas antes de lo habitual, o le mandaran a la cama a las siete de la tarde un día normal? En el primer caso, seguramente los primeros días notaría una falta de sueño (menor si pudiera echar una siesta) y en el segundo, no pegaría ojo hasta su hora habitual.

Las principales alteraciones son:

- Por adelanto de fase o ensoñación adelantada.
- Por retraso de fase o ensoñación atrasada.

Vean estos registros de sueño de tres niños diferentes de cuatro años:

Gráfica 5

MODELOS DE SUEÑO: ESTÁNDAR, MADRUGADOR Y TRASNOCHADOR

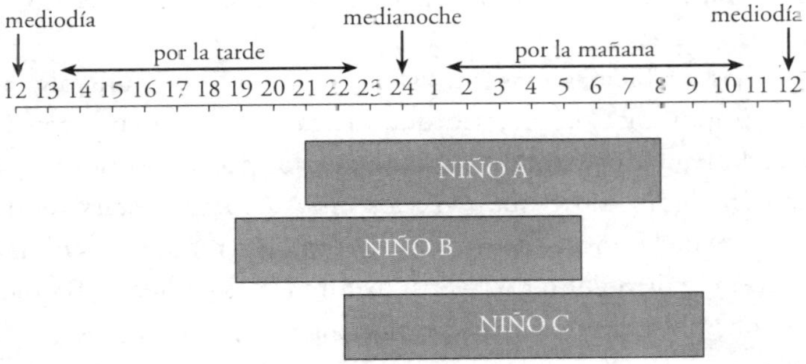

Todos duermen una media de 11 horas por noche y de manera continua, sin despertares. Todo parece muy normal, pero tanto los papás de B como los de C acuden a consulta. ¿Por qué? En el primer caso, a los padres de B les molesta mucho que su hijo toque diana a las 5 y media de la mañana, pudiendo dormir hasta las 8. En el caso C, les molesta que no se vaya a dormir hasta casi las once. Los papas de A no consultan, porque parece que el niño hace lo que los manuales dicen y tiene un horario compatible con la mayoría de los trabajos de los padres o con los horarios escolares.

Estos casos corresponderían más a la falta de sincronía que explicábamos al principio de este capítulo que a una alteración horaria. Porque si el caso B fuera el hijo de unos ganaderos que se levantan a las 5 de la mañana para ordeñar a sus vacas, no habría problemas y en el caso C, si fuera el hijo de un farero, tampoco, puesto que sus padres se acostarían muy tarde.

Los casos de falta de sincronía son fáciles de tratar y explicaremos más adelante cómo hacerlo. En principio, se trataría de respetar el horario que hace el niño e intentar modificar en unos diez minutos, cada dos o tres días, la hora de acostarse y la de levantarse, para acabar teniendo un horario más parecido al nuestro.

Los problemas más graves surgen cuando hay una alteración importante del horario que marca cada niño en lugar de hacerlo paulatinamente. Imaginen que los padres de esos niños leen en alguna parte que *todos* los niños deben acostarse entre las 8 y 9 de la noche, de forma que a los tres niños se les obliga a hacer el mismo horario a ver si mejoran. Los padres de B quieren dormir un poco más de madrugada y los padres de C quieren que su hijo pueda irse a dormir antes. Vean la gráfica siguiente:

Gráfica 6

PROBLEMAS EN LAS FASES DEL SUEÑO

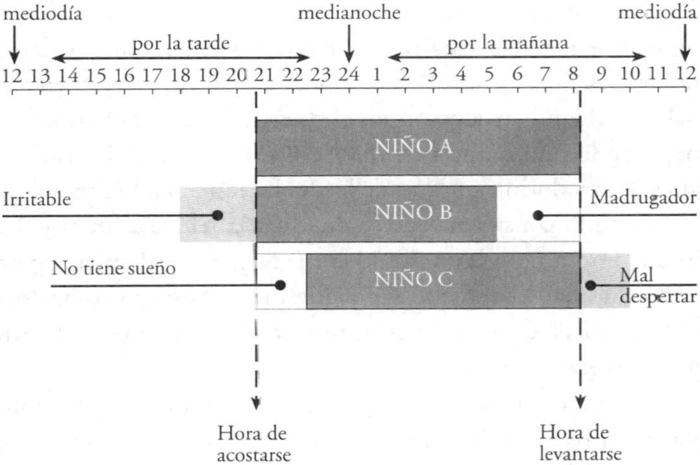

Caso A: ensoñación en fase

Los papás de A están contentos ya que su hijo sigue lo que las estadísticas marcan: se duerme a la hora que se supone que debe hacerlo, se despierta cuando le toca y duerme la noche entera. Sus padres lo achacan al aprendizaje de un horario; horario que a lo mejor hubiera seguido de todas formas por sí solo.

Caso B: ensoñación adelantada

El hijo de los señores B, al llegar la hora en que normalmente se acostaría (19 horas), sigue jugando. Sus padres le dejan jugar porque les han dicho que los niños deben ponerse a dormir hacia las 20.30 horas. Como la actividad le gusta, el niño continúa. El cansancio aumenta pero no lo nota mientras juega, ya que se distrae. Sus padres creen que eso es mejor porque así descansará más después. Nada más empieza la rutina de bañarse y cenar, el cansancio le sobreviene y se pone muy molesto, inquieto e irritable. Sus padres están enfadados porque estos momentos, que deberían ser agradables, se convierten en un mal rato. Han hablado con los padres de A, que les han informado de la importancia de que sean inflexibles en las rutinas antes de ir a dormir porque a ellos les ha funcionado muy bien.

Cuando consiguen que se duerma, la felicidad dura poco porque este niño a las 5.30 de la madrugada se despierta para no dormir más.[6] Y eso que ahora duerme menos: apenas ha dormido 8 horas, cuando antes dormía 11. Los señores B desean que todo esto termine pronto.

Los niños suelen autorregularse (los adultos no podemos por horarios laborales), por eso, seguramente por la mañana, hará una siesta (a pesar de que antes no la hacía) para compensar las horitas de sueño que le han faltado por la noche. Si normalmente hace la siesta, seguramente la adelantará de hora o puede que haga dos. Todo iría bien si sus cuidadores lo pusieran a dormir a las 19 horas, pero como no van a hacerlo porque los padres de A les han informado de que es mejor ser inflexibles, el problema continuará.

A la larga, este niño puede presentar somnolencia diurna y necesidad de pequeñas siestas (a menudo caóticas) durante el día.

---

[6] No todo el mundo puede alargar el sueño a voluntad. Hay adultos que, acostumbrados a un horario, aunque se vayan a dormir más tarde se despiertan a la misma hora cada día. Estos niños hacen igual. En general, suelen saltarse una o dos fases de sueño y se levantan a la misma hora de siempre.

Caso C: ensoñación atrasada

El hijo del matrimonio C, cuando es la nueva hora de acostarse, a las 21 horas, no tiene sueño, porque normalmente se acostaba a las 23 horas. Los señores C lo prueban todo para dormirlo (cantar, acunarlo en brazos...) pero nada les funciona. No hay manera de que se duerma a una hora prudencial. Han intentado educarle y lo han dejado llorar siguiendo una tabla, pero se dan cuenta de que se duerme a la misma hora (eso sí, después de dos horas de lloros ininterrumpidos). Por la mañana el niño está muy cansado, no se despierta por sí solo, sino que hay que despertarlo y lo hace de mal humor. Seguramente también hará una siesta para compensar el sueño que le ha faltado al despertarle tan pronto para él, con lo que por la noche no volverá a dormirse hasta las 23 horas. Si le prohíben hacer siesta estará muy irritable al anochecer, con lo que puede que le cueste más dormirse o que se duerma antes (hacia las 21 horas incluso), pero al cabo de una horita se despierta la mar de fresco y no se duerme hasta las 24 horas.

A largo plazo, aparte de presentar somnolencia diurna y necesidad de alguna siesta durante el día, hay estudios que opinan que se puede producir una alteración de los ritmos biológicos normales de temperatura corporal y melatonina.[7]

Tanto la ensoñación adelantada como la retardada se pueden confundir con niños que duermen poco (véase página 104). La diferencia más importante está en la causa: en las fases adelantadas o retrasadas sabemos que el problema viene originado

---

[7] Por la noche, nuestra temperatura baja y el nivel de melatonina sube, lo cual facilita la conciliación del sueño. Si alteramos la hora de acostarnos alteramos este ritmo biológico.

Cómo evaluar la ensoñación adelantada en niños

1. Despertar matutino muy adelantado.
2. Dificultad para mantenerse despierto antes de la hora de acostarse o gran irritabilidad. Este aspecto puede quedar enmascarado con una pequeña siesta antes de dormir.
3. Pueden presentar somnolencia diurna, pequeñas siestas caóticas o mantener la siesta cuando ya no es habitual por edad.
4. Los tres puntos anteriores sólo son evaluables si los niños ya tienen adquirido el ritmo circadiano y todas las fases de sueño.

Cómo evaluar la ensoñación retardada en niños

1. Dificultad para conciliar el sueño o peleas a la hora de acostarse, que mejoran si se retrasa la hora de ir a la cama.
2. Dificultad para despertarse por la mañana. Suele mejorar si se le deja dormir libremente lo que quiera.
3. Pueden presentar somnolencia diurna, pequeñas siestas caóticas o mantener la siesta cuando ya no es habitual por edad
4. Los tres puntos anteriores sólo son evaluables si los niños ya tienen adquirido el ritmo circadiano y todas las fases de sueño.

por una alteración de los ritmos del sueño, y en cambio no es así en los niños que duermen poco.

Y... ¿por qué se resiente nuestro sueño cuando se nos alteran las horas?

El hombre es un ser cíclico por naturaleza, como gran parte de los seres vivos, aunque los periodos en cada uno son diferentes: las plantas de hoja caduca tienen ciclos estacionales, al igual que muchos animales que hibernan, mientras que otras, en cambio, tienen varios cambios diarios, como los dondiegos de noche (cerrados de día y abiertos de noche).

En el ser humano podemos distinguir principalmente tres ciclos rítmicos:

1. *Ritmo circadiano.*
2. *Ritmo ultradiano*
3. *Ritmo infradiano.*

1. *El ritmo circadiano* quizás sea el más conocido. Es aquel que se alterna en torno a las 24 horas que dura el día. Es decir, aquello que se repite cada día, como por ejemplo el sueño del adulto.
2. *El ritmo ultradiano* es aquel más corto que se sucede varias veces en un mismo día, como la alternancia de sueño lento y paradójico varias veces durante la noche. Por eso decimos que el sueño de los bebés es ultradiano, ya que se repite varias veces a lo largo del día, mientras que el de los adultos es circadiano porque lo repetimos cada 24 horas aproximadamente.
3. *El ritmo infradiano* es aquel más lento, que sobrepasa la periodicidad de 24 horas: el ciclo menstrual de las mujeres, por ejemplo.

Volvamos por un momento al *ritmo circadiano*, aquel que se supone responsable de nuestro sueño y nuestra vigilia.

Cuando nace un niño no tiene aún adquirido el ritmo circadiano. A nuestros ojos, es un ser caótico que duerme y come cuando quiere, pero eso es así porque debe ser así: un niño necesita comer frecuentemente y el hecho de estar toda una noche durmiendo no sería lo más aconsejable. La naturaleza hace que todos los seres humanos sin excepción nazcan sin ritmo circadiano y sin la totalidad de las fases de sueño adquiridas. Si eso fuera una conducta desadaptativa o perjudicial para la especie ya se habría alterado con tantos años de evolución, pero no: continuamos naciendo así y así será por mucho tiempo.

Poco a poco, como ya comentábamos en el capítulo 1, el bebé va adquiriendo este ritmo circadiano, que empieza a notarse alrededor de los 4 meses y que aproximadamente está establecido a los 9. Es difícil que consiga un ritmo regular antes de los 6 meses, ya que es el tiempo que necesita para madurar el núcleo supraquiasmático del hipotálamo. Esta zona del cerebro tiene la responsabilidad cíclica del sueño y la vigilia, entre otras.

Sin embargo, el ritmo circadiano humano, en contra de lo que se cree habitualmente, no es de 24 horas, sino de 25. En experiencias «fuera de tiempo»[8] llevadas a cabo con humanos encerrados en cuevas, donde no tenían ni relojes ni ninguna orientación temporal, se constató este hecho, puesto que las personas sometidas a ello atrasaban cada día una hora su horario habitual (se iban a dormir una hora más tarde y se levantaban una hora más tarde) siguiendo los ritmos biológicos del

---

[8] Quizás las más famosas son las protagonizadas por Michel Siffre, las cuales se pueden encontrar citadas en abundante bibliografía y en numerosas páginas en internet.

cuerpo. Algunos de estos ritmos biológicos (temperatura, cortisol...) continuaban estables cada 25 horas, aunque el sueño se desincronizara totalmente conforme aumentaba la permanencia en la experiencia «fuera de tiempo». Lo que sucede es que nos sincronizamos con referentes temporales externos[9], como los ritmos sociales o los horarios de trabajo y eso hace que seamos repetitivos cada 24 horas. El hecho de entrar a trabajar cada día a la misma hora nos obliga, más o menos, a levantarnos y a acostarnos a la misma hora. El hecho de vivir en sociedad y en familia nos obliga a comer a determinadas horas. En fin, que seguimos el horario que nos marca el reloj.

¿Por qué es importante tener en cuenta que el ritmo circadiano es de 25 horas? Pues porque a los niños, aunque tengan adquirido el ritmo circadiano, como aún no tienen esos referentes temporales externos, les cuesta seguir un horario repetitivo. Es lo mismo que les pasa a muchos adultos en vacaciones: como no tienen que fichar, se levantan un poco más tarde; como se han levantado un poco más tarde, no tienen sueño y se acuestan más tarde, con lo que a la mañana siguiente necesitan dormir todavía más que el primer día, por lo que se levantan más tarde aún. Llega un momento en que algunos se van a dormir de madrugada y permanecen toda la mañana durmiendo.

A muchos niños les pasa igual y cada noche no hay forma de acostarles. Como su reloj interno aún es de 25 horas, cuando el reloj nos dice que ya han pasado 24 horas desde que se acostó el día anterior ellos todavía no tienen sueño.

Evidentemente, esto sólo se da en bebés mayorcitos, porque la premisa principal es que ya tengan adquirido el ritmo cir-

---

9 También se suelen llamar sincronizadores o *Zeitgebers*.

cadiano y que haya tenido tiempo de madurar el núcleo supraquiasmático del hipotálamo.

Es precisamente el núcleo supraquiasmático (encargado de indicarnos la hora de dormir o despertar) el que provoca este desajuste, porque no funciona como un reloj suizo, sino que se adelanta 1 hora cada día. De ahí nuestro ritmo de 25 horas. Pero por suerte, como su nombre indica, el núcleo supraquiasmático se encuentra arriba (supra) del cruce (quiasma) de las vías visuales. Así, la luz que llega a nuestros ojos puede ajustar las manecillas de ese imperfecto reloj. Por eso es importante que nuestros bebés compartan la vida social y callejera de los adultos. Un niño encerrado en una casa en donde apenas llegue la luz del sol es más difícil que se adapte.

Cuando más se empieza a notar ese ritmo de 25 horas es alrededor de los 7-9 meses en que, además, tiene lugar la angustia de separación, y no hay forma de que se quieran ir a dormir.

¿Se acuerdan de la tabla 3? En ella marcábamos los periodos en que duerme un niño durante su primer año de vida. Al principio son caóticos porque no tienen el ritmo circadiano establecido (véase tabla 3 en la página 83).

Gráfica 7

EJEMPLO DE SUEÑO CAÓTICO

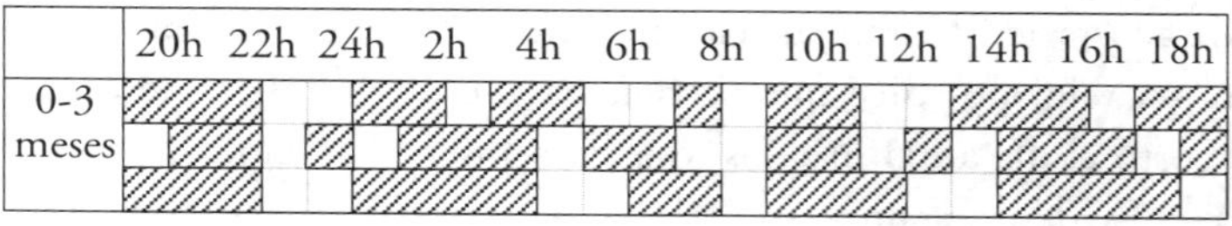

A partir de los 4-6 meses hay que empezar a mostrarles los referentes externos para que, poco a poco, vayan sincronizándose porque si no, siguen un horario endógeno de 25 horas, como en las experiencias fuera de tiempo. Con lo que, *exageradamente,* quedaría así:

Gráfica 8

EJEMPLO DE RETRASO DE FASE POR RITMO CIRCADIANO DE 25 H.

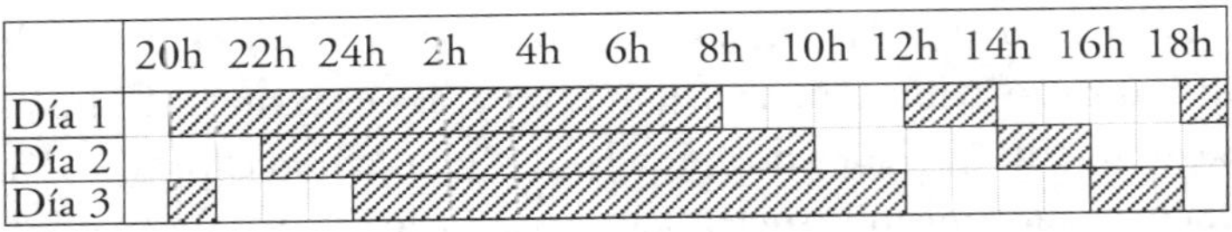

Vean el siguiente caso, que es típico de este periodo:

> Juan tiene 15 meses y, a pesar de que duerme bien toda la noche, no hay forma de que se quede dormido a una hora prudencial. Hace un año se iba a dormir hacia las 9 de la noche sin mayores problemas, pero ahora cada vez tarda más. Por ejemplo, si hoy se acuesta a las 22 horas, se despertará a las 8 de la mañana; pero mañana no querrá dormirse hasta las 23 y se despertará a las 9 y, seguramente, el tercer día no dormirá hasta las 24 horas y no le podremos despertar hasta las 10. Así, hasta que un día se acuesta tan tarde que por la mañana lo despertamos, quiera o no, y por la noche se va a dormir más pronto. Pero sólo ese día. Porque al segundo, ya podemos poner rutinas y lo que sea, que volverá a dormirse más tarde.

Es decir, cada día retrasaría su hora de irse a dormir y de despertarse en algo más de una hora, porque seguiría un ritmo diferente al de 24 horas. Pero esto no suele ocurrir tan exageradamente como he puesto en la gráfica, porque nosotros intentamos inculcarles nuestros horarios y ellos, más o menos, intentan seguirlos. Cada niño tiene un periodo de adaptación a estos referentes externos diferentes: dele tiempo a su hijo.

Durante estos periodos en que aún no tiene bien adquiridos los referentes temporales externos podemos reajustar la gráfica mediante las siestas. Así, por ejemplo en el día 1 de la gráfica anterior, si no le dejamos hacer la siesta de las 18 horas seguramente volverá a dormir a las 21 horas como el primer día. Incluso ellos mismos suelen hacer regulaciones de este tipo saltándose o incluyendo una siesta en su horario.

Al final, y Juan no será una excepción, todos acabamos siguiendo una frecuencia de 24 horas porque es el ritmo que nuestro mundo nos impone.

Pero aún podemos presentar alteraciones por adelanto o retraso de fase. En los niños (como ya hemos visto en la página 115 y sigs.), básicamente suelen producirse al intentar que sigan demasiado deprisa unos horarios que no son los suyos.

Gráfica 9

ALTERACIONES DE FASE

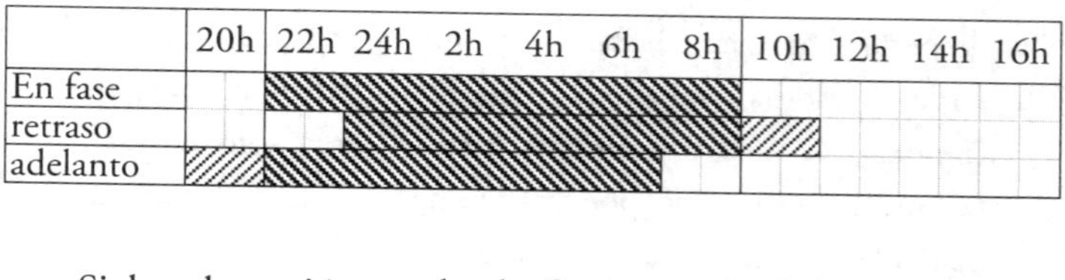

Si la adaptación se da de forma gradual (adelantando o atrasando en pocos minutos cada día ese horario) no presentan esas alteraciones o se minimizan mucho.

En general, acabamos siguiendo un horario de 24 horas debido a los referentes externos que la sociedad (¡el reloj!) nos impone y su hijo, tarde o temprano, también los seguirá porque tendrá unos horarios que cumplir (ir al cole, horas de las comidas...) y unas rutinas que seguir.

¿Horario que cumplir? ¿Rutinas? ¿Ritmicidad? ¿Qué hacemos respecto a este tema?

Nadie ha demostrado que las rutinas sean negativas (a no ser que lleguen a ser obsesivas e inflexibles, en cuyo caso pueden convertirse en un trastorno), por lo tanto, si usted quiere inculcar a su hijo aquellas rutinas que en su comunidad son las más adecuadas, no hay ningún problema. No obstante, me gustaría hacer algunas puntualizaciones:

1. Cada niño es diferente. El hecho de que muchos niños sigan con facilidad un horario y una rutina y otros no no quiere decir que usted lo haya hecho mejor o peor, sino que cada niño tiene un tiempo de adaptación y aprendizaje diferente. Si su hijo se adapta a la rutina rápidamente, perfecto, pero si no, dele tiempo.

2. El hecho de que cuando son bebés menores de 7 meses se adapten a una rutina no quiere decir precisamente que la tenga interiorizada, si no más bien que casualmente su hijo se ha empezado a comportar rítmicamente. Por ello, si con posterioridad a estas fechas su hijo se «desincroniza» no piense que es una regresión, sino que seguramente lo que sucedió antes fue una casualidad. En cambio, si su hijo ya tiene más de tres o cuatro años y pierde su ritmicidad podemos pensar en algún problema, ya que a esa edad, si han adquirido una rutina, seguramente la tienen bien interiorizada.

3. Las rutinas deben ser flexibles, pero predecibles. No se obsesione con los horarios. No pasa nada por haber transgredido el horario en media hora más o menos o en saltarse esporádicamente alguna parte esencial dentro de una rutina. En contra de lo que le hayan hecho creer, ningún adulto en su sano juicio se acuesta exactamente a la misma hora, duerme siempre en la misma cama, y, parece ser, que... ¡ni siquiera lo hace con las mismas personas a lo largo de la vida! No se trata de adiestrar niños que invariablemente repitan lo mismo cada noche, sino de mostrarles lo que en determinadas situaciones es más práctico y frecuente.

4. En nuestra sociedad los niños no forman parte de la vida normal que hacemos los adultos. La mayoría de nosotros ni se baña, ni cena, ni se acuesta a la misma hora que los niños. ¿Cómo van a seguir una rutina que sus padres no hacen? Mientras son muy pequeños aún podemos *venderles la moto*, pero en cuanto son un poco mayores pueden presentar cierto recelo a la hora de irse a la ducha o de acostarse si ven que nadie más lo hace en casa (o al menos ningún adulto). Si predicamos con el ejemplo, los hábitos son más fáciles de asimilar por los niños.

5. Nuestra sociedad nos exige cumplir unos horarios y, como seres sociales que somos, nos adaptamos a ellos. Pero muchos horarios son totalmente contradictorios a la naturaleza humana. En este sentido, la cronobiología nos habla de dos periodos de máxima actividad

durante el día, coincidiendo con las horas posteriores al despertar, hacia las 6 o 7 hora solar[10] y hacía las 18-19 de la tarde (entre 7 y 8 de nuestro reloj). De este modo, algunos autores apuntan esta idea:
«Qué lástima que, en nuestra sociedad actual, nuestros hijos no aprovechen este excelente momento (19 horas), demasiado a menudo consagrado a hacer los deberes escolares, o más desganadamente aún a ver seriales televisivos. En cuanto a nosotros, los adultos, éste debería ser el momento de hacer deporte, estudiar... en vez de perder horas en coche en los embotellamientos de vuelta a casa.»[11] Pero también hay dos periodos de relajación, repliegue, fatiga... El primero vendría a ser por la noche, a partir de las 23 horas hasta las 2 de la madrugada, hora de dormir y de nuestro sueño más profundo, y el segundo entre las 11-12. Es la hora en que la gente suele parar a descansar a media mañana y en algunos países realizan el almuerzo. Es importante que la gente descanse en estos periodos. Cuando obligamos a nuestros escolares a trabajar las asignaturas más difíciles en esos horarios de repliegue o, cuando por motivos de organización interna se eli-minan los descansos a media mañana, estamos pro-vocando ir a contratiempo de nuestras necesidades biológicas. Por lo tanto, cuando vaya a intentar que su hijo siga unos horarios, no sólo debe darle tiempo, sino que debe pensar si es lo mejor para él. Las horas de las siestas que marcan en

---

10 Como tenemos la costumbre de ir una o dos horas atrasados respecto a la hora solar, sería hacia las 7 u 8 de la mañana.

11 Challamel, M. J. y Thirion, M. (2003).

algunos centros infantiles o el hecho de tener vacaciones en plena época de rendimiento no es lo más adecuado para un niño. A veces intentamos que los niños se sincronicen con los horarios nefastos que cumplimos, cuando lo que deberíamos hacer es cambiar los nuestros.

Parasomnias

Y los sueños, sueños son.
CALDERÓN DE LA BARCA

Definidas como acontecimientos o conductas anormales durante el sueño, la mayoría de ellas se presentan durante la fase no-REM, a excepción de las pesadillas que tienen lugar en fase REM. El orden en que las presentaremos es el siguiente:

— *Pesadillas.*
— *Terrores nocturnos.*
— *Sonambulismo.*
— *Somniloquia.*
— *Bruxismo.*
— *Automecimiento brusco.*
— *Mioclonias nocturnas.*
— *Ilusiones hipnagógicas e hipnopómpicas.*

Deben tener en cuenta para las parasomnias infantiles que ciertas enfermedades o síntomas como la fiebre, las obstrucciones nasales, el dolor, la ansiedad o el hambre, pueden hacer aparecer un episodio o incrementar los habituales.

En la mente de un niño dormido cualquier ansiedad se traduce en un miedo, cualquier dolor en una escena angustiosa, el hambre en un monstruo devorador y el no poder respirar en algo asfixiante. La fiebre produce malos sueños o un incremento de sueño profundo debido al desgaste de una enfermedad. Vale la pena tener en cuenta la salud general del niño antes de evaluar estos trastornos.

Pesadillas

Las pesadillas son «sueños desagradables» que se recuerdan y que suceden en fase REM. Como esta fase es más frecuente en la segunda mitad de la noche, las pesadillas también suelen darse con mayor frecuencia en este periodo.

En general, nuestro hijo se despierta aterrorizado en medio de la noche recordando un sueño espantoso: «... justo en el momento en que un enorme y horrible monstruo iba a devorarme, me desperté».

Por ello es muy difícil localizar esta alteración antes de los dos años:[12] primero, porque sin el lenguaje adquirido, la única forma de saber si un niño tiene pesadillas es por su alteración comportamental cuando se despierta en mitad de la noche, con lo que puede confundirse con otros trastornos. En segundo lugar, hay autores que ponen en entredicho que la imaginación del niño sea tan rica antes de los dos años como para poder pro-

---

12 Sabemos que no afecta a todas las edades por igual, y que mientras en el grupo de 4 a 7 años apenas se da en un 19%, asciende al 69% entre los 8 y los 10 años, para bajar al 12% entre los 11 y 14 años y luego prácticamente desaparecer.

vocar una pesadilla bien estructurada. Pero a pesar de ello, sabemos que los niños tienen una fase paradójica (o REM) desde bien pequeños y por lo tanto, a su manera, pueden tener buenos y malos sueños en el sentido de experimentar en esa fase buenas o malas sensaciones.

Algunos autores comentan que es una alteración pasajera que suele mejorar con la edad, ya que los niños suelen ser más asustadizos que los mayores, por ello recomiendan solamente tranquilizarlos sin hacer nada más.[13]

Pero esto no es exactamente cierto: la función de la fase REM, que es en la que se producen las pesadillas, es la de asimilar, ensayar y aprender situaciones relacionadas con las que nos han sucedido durante el día. Si su hijo sufre esporádicamente una pesadilla al mes (y no es de temática repetitiva) podemos pensar simplemente que ha sucedido algo durante el día cuya «digestión» ha sido más difícil. En este sentido sí que estaría en el grupo de niños que describíamos anteriormente, que sólo necesitaban tranquilizarse y que mejorarían con la edad. Pero éstos NO son los padres que suelen venir a consultar por pesadillas.

Las consultas por pesadillas vienen cuando se dan casi cada día o muy frecuentemente; también cuando la temática se repite. En estos casos esa alteración, supuestamente benigna, suele ser el indicador de un estado de ansiedad latente en el niño. Y el tranquilizarlos solamente no nos va a servir para evitar que se repitan.

¿Los niños sufren de ansiedad? ¿Qué tipo de ansiedad puede provocar pesadillas?

Muchos autores coinciden en que hay periodos críticos para el niño en los que sufre ansiedad. Si en esos momentos reciben apoyo y comprensión la cosa no va más allá de una sim-

---

[13] Estivill, E y Béjar, S. de (1995), p. 100.

ple y pasajera inquietud, pero si no se soluciona puede dar lugar a verdaderas manifestaciones ansiógenas. Una de las más frecuentes, las pesadillas.

Periodos susceptibles de originar ansiedad o estrés

- 9-18 meses: ansiedad de separación. El niño se angustia de estar lejos de la madre (o de su cuidador primario).
- 2 y 3 años: miedo por la reglamentación esfinteriana Tienen miedo de perder el cariño de sus cuidadores si no lo hacen bien. Incluso hay niños que evitan al máximo ir al baño cuando eso es un conflicto para ellos. También hay deseo de agradar y de imitar en todo lo que pueden a los adultos.
- 3 y 6 años: se da cuenta que tiene sentimientos ambivalentes (querer a un hermano y tener celos) y que hay cosas como los impulsos sexuales, la agresión y el odio que no puede controlar siempre que quiere. Es una época de grandes aprendizajes y de grandes descubrimientos, eso también provoca ansiedad.

En general, los niños son muy susceptibles a todo aquello que pasa a su alrededor. Así, captan enseguida determinadas situaciones, como aquellas en que sus padres discuten a menudo, lo que les provoca ansiedad, puesto que no las entienden. Hace poco[14] leí en una revista una entrevista con el actor Ricardo Darín en que explicaba cómo él y su hermana vivían la experiencia de las discusiones de sus padres:

---

14 Revista *Psychologies*, enero de 2006.

Recuerdo a mi hermana en su camita, con los ojos abiertos hasta tarde, sin poder dormir, porque siempre teníamos cierto temor a que alguna discusión pudiera convertirse en otra cosa. Yo era el último que me dormía, no me bastaba con que uno de ellos se durmiera, necesitaba que los dos se hubieran dormido para poder cerrar los ojos.

Los mayores pensamos que los niños no se dan cuenta de muchas cosas, pero no es así. Incluso a veces es peor porque no lo entienden correctamente y, en su fantasía, eso puede convertirse en algo más terrorífico. En lugar de enmascararles esa situación puede tratar de hablar con él y explicarle, por ejemplo, que los adultos a veces también discuten. Lo mismo sucede con cambios de domicilio o muertes de familiares.[15]

El mecanismo suele ser el siguiente: todas estas situaciones crean unos sentimientos en el niño que no puede asimilar fácilmente, ni siquiera de día. Por eso los adultos tenemos menos probabilidades de tener pesadillas, ya que durante el día podemos canalizar mejor esos sentimientos.

Esos sentimientos no canalizados necesitan hacerlos tangibles y convertirlos en algún símbolo. Es entonces cuando aparecen los monstruos, símbolos de sus sentimientos. En otros casos, esas situaciones vividas se reexperimentan por la noche o son revividas en sueños pero de una forma distorsionada.

La manera de abordar las pesadillas tiene mucho que ver con la causa que las origina y con la edad del niño. Antes de

[15] En este sentido, los psicólogos que nos dedicamos a las emergencias no nos cansamos de repetir que deben obviarse frases como «se ha dormido», «parece que duerme» o «ha muerto mientras dormía» porque pueden confundir al niño y provocar un rechazo ante el sueño.

los 5 años los niños pueden despertarse y pensar que la pesadilla ha sido real o que no ha terminado, con lo cual estará muy inquieto, en cambio a los 7 años puede despertarse alarmado y explicarnos que ha tenido una pesadilla pero que ya ha pasado todo. De todas formas, vamos a dar unos consejos generales:

Antes de ir a dormir:

- Intente evitarle cosas que puedan aterrorizar al niño (películas, relatos...).
- Los resfriados y obstrucciones nasales pueden ser los desencadenantes de pesadillas cuya temática tenga que ver con asfixia y ahogos. Revise este punto.
- Reduzca el estrés diurno en el entorno del niño. ¿Ha empezado la escolarización de una forma demasiado súbita? ¿Es usted muy inflexible con él? Piense que reñirle en los periodos críticos que señalábamos anteriormente no es bueno. Así, en el periodo de 3 a 6 años, no le censure si aún no controla sus esfínteres o se ensucia, ni le recrimine el tener celos o le castigue por no controlar su curiosidad sexual.
- Hay que evitar las separaciones prolongadas de los padres puesto que son vividas muy ansiosamente por el niño. A veces nuestros horarios laborales son difíciles de compaginar con un bebé, pero debemos intentarlo al máximo.
- Hable de lo que le ha sucedido durante el día y permítale que exprese lo que siente sin juzgarle por eso. Si su hijo no habla puede pedirle que dibuje o garabatee en

un papel. Las pesadillas raramente se dan antes de los dos años y, a esa edad la mayoría pueden verbalizar algunas palabras o garabatear.

- Tranquilice a su hijo y pregúntele qué puede hacer usted por él antes de ir a dormir. A menudo, soluciones temporales como una pequeña lucecita o dejar la puerta de la habitación abierta suelen reducir su ansiedad.

Después de la pesadilla:

- Acudir a tranquilizar a nuestro hijo, pero sin quitarle importancia a lo que ha pasado. Intente evitar frases como «no ha sido nada», «es una cosa sin importancia» o «te has asustado por nada», puesto que pensará que no le comprende y si se siente incomprendido aún tendrá más miedo. Para él lo que ha sucedido es real, no quiere oír «no ha pasado nada» sino «tranquilo, estamos contigo», «no corres ningún peligro». Cuando son mayores y ya diferencian la realidad del sueño, sí se les puede tranquilizar con un «sabes que sólo ha sido un sueño», pero antes, no.
- Pase tiempo a su lado. No tenga prisa. En estos casos el calor humano y la compañía es el método más aconsejable para reducir el miedo. Piense en lo que necesitaba usted, si alguna vez tuvo miedo. No es el momento de ser inflexibles y duros, ridiculizarle o dejarle encerrado en su habitación.
- Mantenga una actitud de seguridad, él sabrá que nada malo puede pasarle a su lado.

- Si la pesadilla es muy recurrente, intente construir una historia alternativa con el sueño de su hijo en el que el final sea feliz, o donde el monstruo desaparezca.

Terrores nocturnos

Se producen en la primera mitad de la noche, ya que se trata de una alteración en la fase de sueño profundo y ésta se da mayoritariamente en las primeras horas. En general, es una alteración para pasar de la fase IV del sueño profundo a una fase más ligera. Veamos los síntomas más evidentes:

Laura se despierta a las pocas horas de acostarse. Se incorpora en la cama gritando y llorando de forma alarmante. La respiración es agitada, el pulso acelerado y está desorientada. Su cuerpo refleja pavor y sus movimientos, bruscos y violentos, lo corroboran. Su cara es el reflejo del pánico. Sus ojos, abiertos y con las pupilas dilatadas, miran pero no parecen fijarse en nada concreto y, si en algún momento mira a sus padres, más pareciera que mirase a través de ellos que a ellos directamente. De hecho, no reconoce a nadie. Al cabo de un rato (normalmente entre 10 y 20 minutos) se queda dormida o se despierta completamente. En ningún caso se acuerda de lo que ha sucedido.

Este trastorno, aunque puede empezar a partir de los 6-7 meses (momento en que los niños completan la adquisición de todas las fases del sueño), suele ser más frecuente entre los 2 y los 5 años, y es prácticamente desconocido después de la adolescencia.

¿Qué hacer? Al igual que en las pesadillas, algunos autores recomiendan no hacer nada, salvo vigilar que no se dañen.[16]

Casi todas las alteraciones infantiles en estas fases profundas del sueño suelen desaparecer con la edad, es verdad, pero eso no quiere decir que no podamos hacer nada. Ante todo hemos de conocer el mecanismo que provoca este trastorno:

¿Recuerdan que el sueño es un proceso evolutivo y que hasta los 5-6 años todavía no está completa su maduración? Bien, hasta los 6 años, los niños suelen tener una fase IV más profunda que los adultos, por eso explicábamos que este trastorno es más frecuente entre los 2 y los 5 años y que luego va desapareciendo. Esta idea la vemos expresada en Challamel y Thirion (2003):

> «Hasta los 6 años aproximadamente es un trastorno muy frecuente, traducción clínica de una fase de maduración cerebral, en la que el cerebro ha construido sus ciclos de sueño, pero en la que los estadios IV de sueño tranquilo son muy profundos, mucho más que en un niño mayor o en un adulto.»

Al terminar esta fase IV se da un episodio de sueño más ligero, caracterizado por estados de vigilia parciales (véase gráfica 2 del primer capítulo). A menudo ese sueño tranquilo de la fase IV es tan profundo que hay una imposibilidad de aligerar-

[16] Estivill, E. y Béjar, S. de (1995), p. 102.

se correctamente cuando llega el momento, de modo que se producen una serie de trastornos en los cuales hay agitación motriz (recordemos que en fase profunda nos podemos mover). Estos trastornos pueden ser los terrores nocturnos, pero también son el origen del sonambulismo, la somniloquia (hablar dormido), etc. Todos son debido al mismo mecanismo, a esa imposibilidad de aligerar el sueño de una forma normal.

Por eso estas alteraciones suelen mejorar con la edad, ya que el sueño profundo del adulto es de por sí más liviano y no hay tantas dificultades en aligerarlo, dado el caso.

No obstante, hay veces en que ese sueño profundo es más profundo de lo habitual porque el niño ha descansado poco durante el día y en esos casos sí que podemos intervenir.

Cuando uno no duerme una noche, a la noche siguiente no necesita dormir 16 horas (8 de la primera noche y 8 de la segunda), sino que seguramente con unas diez tendrá bastante. Es como el comer: si usted no come nada durante un día bastará después con hacer una comida un poco más copiosa para recuperar la sensación de hartura y no necesita comer las cuatro comidas que ha dejado de hacer en ese día.

Esto es así (en el sueño) porque en la primera parte de la noche es donde se da la mayor parte del sueño profundo (aquella que ayuda a nuestro cuerpo a recuperarse de su cansancio) y lo único que hacemos es alargarla un poco más (un ciclo más) para estar más descansados. En los adultos normalmente sólo la alargamos, pero en los niños puede alargarse y hacerse más profunda con lo que un aligeramiento en esos momentos es muy difícil, de ahí los terrores nocturnos.

Por eso en niños con terrores nocturnos hay que mirar si los días en que duermen más horas (o aquellos en que duermen la siesta hasta más tarde, más cerca de la hora de acostarse) no presentan trastornos. Si es así, si su hijo es de este tipo, la solución es más fácil puesto que sólo necesita que se vaya a dormir más relajado y menos cansado (por ejemplo, haciendo una siesta más tarde de lo habitual). Si intentamos que los niños no tengan necesidad de incrementar el sueño profundo seguramente van a mejorar.

Se ha comprobado que en menores en los que se ha suprimido precozmente la siesta o se ha hecho de forma muy radical, hay un incremento de parasomnias relacionadas con las fases de sueño profundo.

Hay autores[17] que relacionan la mayor parte de las parasomnias (sobre todo las pesadillas, pero también terrores nocturnos) con un mayor o menor grado de síndrome de estrés postraumático[18] (SEPT) en los niños. Este estrés aumentaría la hipervigilancia de estos niños que entenderían el sueño como un momento no seguro, incrementando la alerta y la guardia. Esto provocaría inconscientemente un incremento de despertares en fase profunda, que podrían dar lugar a un mayor número de terrores nocturnos.

¿Qué podemos hacer ante un terror nocturno?

- *Prevención.* Es lo mejor. Intentar que nuestros hijos se acuesten descansados y tranquilos es una forma de evitar estos episodios en gran parte, aunque no todos, porque ya hemos visto que hasta los 5-6 años el sueño es más profundo en los niños y son propensos a padecer estas parasomnias.

---

[17] Moore, M. S (1989) y Sadeh, A. (1996).

[18] En el capítulo siguiente explicaremos este trastorno.

- *Permanecer junto a él de forma discreta.* Con ello evitaremos que se haga daño y que si se despierta no esté tan confuso ya que la presencia de los padres le tranquilizará. La mayoría no admiten el contacto físico y, si intenta cogerle, es posible que le rechace y empuje.
- *No intentemos despertarle*, pues seguramente no lo conseguiremos y, si lo conseguimos, lo único que lograremos será romper su ciclo de sueño y en algún caso asustarle: recordemos que él no sabe lo que está pasando. Piense que el niño no recordará nada si no le despierta y que al cabo de diez minutos más o menos volverá a quedarse dormido como si nada hubiera pasado.
- En niños mayores, *puede que se den cuenta de que algo está pasando*, bien porque se acaban despertando al final de los episodios, bien porque los padres les suelen preguntar durante el día: ¿te acuerdas que anoche gritabas? o ¿por qué anoche llorabas y pataleabas? En primer lugar intente no preguntar, ya que seguramente nunca le podrán responder porque no se acuerdan de nada, y en segundo lugar porque puede crearle la idea de que algo raro sucede mientras duerme y provocarle angustia. Si usted se da cuenta de que su hijo sabe que algo le pasa por la noche explíqueselo con naturalidad: que es un fenómeno sin importancia que sucede mientras dormimos, como si fuera un calambre o una sacudida; que él no tiene la culpa y que pasará.
- *Despertares programados.* Si los terrores son muy frecuentes y el niño se lesiona, se pueden probar los despertares programados.

Hay expertos que para solucionar estas parasomnias de las fases NREM (sobre todo los terrores nocturnos y el sonambulismo por ser las más alarmantes) suelen probar los despertares programados. Se trata de hacer un registro durante varios días para saber, más o menos, en qué momento de la noche suele hacer alguna de estas parasomnias. Cuando ya lo sabemos (por ejemplo, tres horas después de acostarse), se trata de despertarlo unos quince minutos antes para evitarle ese problema e intentar que luego se duerma lo más rápido posible para no desvelarlo mucho.

Personalmente, no me gusta este método porque implica para los padres un desgaste adicional (levantarse programadamente para despertar al niño) y, respecto al niño, no habrá cambios, puesto que ya sabemos que el pequeño está dormido y no se acordará de nada. Al contrario: si se le despierta puede que empiece a sospechar que le pasa algo grave mientras duerme y se asuste a la hora de conciliar el sueño.

En los únicos casos en que lo recomendaría es en aquellos en que el niño se lesiona (para evitarle daños mayores) o en que la gravedad de la alteración haga que los padres se sientan mejor con un despertar controlado que con un despertar incontrolado y con el niño corriendo y gritando en plena noche.

Muchos padres no saben diferenciar entre una pesadilla y un terror nocturno, y es importante que se haga, ya que el abordaje es totalmente diferente.

Tabla 4

COMPARATIVA ENTRE PESADILLAS Y TERROR NOCTURNO

	PESADILLAS	TERROR NOCTURNO
Cuándo	Segunda mitad de la noche. En fase REM.	En la primera mitad de la noche. Fase no-REM.
Conciencia	El niño está despierto o se despierta fácilmente. Recuerda lo que ha pasado.	Casi nula. Puede parecer despierto pero no lo está. No recuerda nada.
Relación con los padres	Reconoce a sus padres y quiere ser consolado porque tiene miedo.	No reconoce a sus padres e incluso rechaza el contacto físico.
Alteración física	Las manifestaciones físicas son nulas o mínimas: llantos, sudor, temblor... y *después* del sueño.	Hay abundancia de manifestaciones físicas alarmantes: gritos, llantos, sudoración, agitación motriz... durante el episodio
Regreso al sueño	Difícil pues a menudo persiste el miedo.	Fácil. Normalmente se vuelve a dormir.

Sonambulismo

En la primera parte de la noche, Pedro parece que esté despierto y se levanta de la cama. Se diría que busca algo en concreto. Normalmente se dirige hacia sus padres o hacia algún punto con luz. También puede intentar salir de la casa. Si se le habla puede contestar con monosílabos, pero lo más frecuente es que no responda o lo haga de una forma inconexa con lo que se le pregunta. A menudo siente necesidad de hacer pis, y eso le provoca hacerlo en los lugares más inverosímiles. El episodio termina cuando regresa a la cama.

El mecanismo del sonambulismo suele ser el mismo de los terrores nocturnos: el aligeramiento de las fases III y IV de sueño profundo.

De hecho, hay autores que hablan de un mismo trastorno con diferentes manifestaciones, de menos llamativas a más:

- En el primer nivel estaría el niño que al pasar de la fase de sueño profundo a otra más ligera se mueve en la cama, abre los ojos un momento, murmura algo y se vuelve a dormir.
- En el segundo nivel el niño habla en sueños, aunque de forma confusa. Si se le pregunta no contesta. Esta fase sería la somniloquia.[19]
- En un tercer nivel el niño parece que se despierte con terror, se sienta en la cama, mira a todos los lados asustado y vuelve a dormirse.
- En un cuarto estadio estarían los terrores nocturnos ya explicados.
- En otro estadio el sonambulismo tranquilo, que explicábamos al inicio de este apartado.
- Y por último, el sonambulismo agitado. En éste el niño, aunque dormido, corre por toda la casa como si tratara de huir de algo. Grita y se revuelca por los suelos en un estado muy parecido a los terrores nocturnos, pero en

---

[19] No obstante, este hablar dormido también se puede dar en otras fases del sueño (fase REM o ilusiones hipnagógicas) y en esos momentos sí que pueden responder a algunas preguntas o decir frases más o menos largas con sentido.

este caso hay una gran agitación motriz: toca todo lo que hay a su paso, como si no lo viera y chocara con todo, su estado es de pánico absoluto y no es raro que acabe con heridas. Termina de forma súbita al cabo de unos minutos durmiéndose plácidamente sin acordarse de nada.

Las soluciones suelen ser muy similares a los terrores nocturnos: por un lado también suelen mejorar con la edad[20], aunque la edad de presentación del sonambulismo suele ser un poco más alta que en los terrores. Y por otro, lo mejor es prevenir, intentando mediante el descanso y la relajación que no exista un incremento innecesario de la profundidad del sueño. En el caso de que el episodio se presente se puede actuar de forma parecida a como explicábamos con los terrores nocturnos (véase el apartado de los terrores nocturnos).

Somniloquia

La palabra «somniloquia» significa «hablar en sueños», y aunque se puede hablar mientras dormimos, la mayoría de las veces que hablamos durante la noche es precisamente en las fases en las que no soñamos.

Ya hemos explicado antes cómo la somniloquia puede ser una manifestación poco alarmante de una alteración en fase de sueño profundo, al igual que los terrores nocturnos o el sonambulismo. En este caso, vale la pena releer los apartados dedicados a estas parasomnias en las páginas anteriores.

---

20 Apenas un 0,5% de los adultos tiene sonambulismo, frente al más o menos 12% de los niños. Es más frecuente entre los 6 y los 10 años.

Dentro de las parasomnias, la somniloquia suele ser la menos alarmante: ver que alguien parlotea en sueños y luego prosigue durmiendo como si nada no suele ser motivo de mucha preocupación. Por esa razón, ante estas alteraciones muchos teóricos del sueño[21] recomiendan no hacer nada.

Por cierto, en cuanto a no hacer nada, es curioso cómo la mayoría de autores que dicen que no se puede hacer nada en las parasomnias (verdaderas alteraciones durante el sueño, en especial los terrores nocturnos y el sonambulismo) son los que insisten en hacer grandes intervenciones ante la evolución natural del sueño, como por ejemplo en el caso de un niño de 7 meses que aún no duerme de un tirón.

Es cierto que en algunos casos las intervenciones no sirven de mucho[22], pero no siempre es así, por eso recomendamos ponerlas en práctica. Son técnicas completamente inocuas y respetuosas con los niños, que pueden solucionar el problema (véanse páginas 142 y 143 y actúe de forma similar).

Recuerde: lo mejor es hacer prevención intentando que el niño tenga una fase de sueño profundo lo más normalizada posible. Eso se consigue yendo a dormir «poco cansados» y relajados.

Bruxismo

El «bruxismo» o «rechinar de dientes» es una manifestación que puede darse tanto despierto como dormido, aunque no son

---

[21] Estivill, E. y Béjar, S. de (1995), p.103; Ferber, R. (1993), p. 158.

[22] Recordemos que hasta los 6 años la fase IV del sueño en los niños es más profunda que en un adulto, por lo que son más propensos a las parasomnias.

exactamente lo mismo. Nosotros nos centraremos en el que se produce durmiendo.

Suele aparecer en una fase de sueño ligero no-REM y puede repetirse a lo largo de la noche cada vez que se presente una fase de sueño ligera.

La edad de aparición suele ser a partir de los diez meses (en que ya tienen los dientecillos delanteros superiores e inferiores) y suele terminar por sí solo durante la infancia.

A pesar del ruido desagradable, el niño no nota nada ni se acuerda de nada. Quizás el problema más grave sea un posible desgaste en los dientes.

¿Qué hacer? El bruxismo suele estar relacionado con la ansiedad y el estrés. Incluso en aquellos casos en que no está claro se ha comprobado que un periodo de estrés puede acentuar este trastorno en personas que lo padecen normalmente.

Así pues, repase cómo son los días de su hijo y pregúntese: ¿pasa mucho tiempo sin sus padres? ¿Tiene miedo de irse a dormir solo? ¿Hay demasiadas alteraciones en su vida actualmente (inicio en la guardería, sacar el pañal, destete, alimentación nueva, cambio de casa, otro canguro...)? Si es así, intente que su vida sea más segura y menos ajetreada y notará la diferencia.

Pruebe a cambiarlo de posición para dormir (suelen rechinar menos los dientes si duermen de lado) o poner una almohada que le mantenga la cabeza más atrás (una almohada cervical, por ejemplo).

También funcionan muy bien técnicas sencillas para relajarse antes de dormir, como un masaje y el pasar la noche con compañía.

Como en los adultos que padecen estos trastornos se da un desgaste de los dientes, se recomiendan unas prótesis para dormir que impiden esta conducta. Como han supuesto que en los niños también puede ser así, también se están recomendando prótesis para los menores. Pero no vale la pena.

En primer lugar, raramente en un niño se va a producir un desgaste en los dientes (no suele ser tan fuerte ni tan intenso el roce como en un adulto) y, si se produce, hay que recordar que son dientes de leche que se van a cambiar un día de estos. Tan sólo en el caso de que ya fueran dientes definitivos, con un bruxismo muy acusado y que no mejorara con ninguna de las técnicas anteriormente descritas[23], se podrían recomendar estás prótesis.

Existen dos tipos de prótesis: las blandas, más cómodas, pero con un inconveniente, que muchos niños se acostumbran a morderlas y luego es más difícil quitarles ese hábito de masticar mientras las llevan por la noche, con lo que no se gana nada. Actualmente han salido otras, que son duras, y más incómodas, por lo que los niños no suelen aceptarlas bien.

Automecimiento brusco

Alberto se va a dormir. Mamá lo deja en su camita y, apenas lo ha dejado, empieza a balancearse de un lado a otro de la cama. A veces este balanceo es tan fuerte que se da golpes de cabeza contra la pared (cuando era pequeño tuvieron que acolcharle la cuna para que no se hiciera daño). No parará hasta que concilie el sueño. Normal-

[23] En estos casos también hay que pensar en si el niño lo hace de día. Si es así, también hay que hacer profilaxis diurna evitando la masticación de chicle, comer cosas muy duras, etc.

mente, si se despierta por la noche, suele repetir el mismo comportamiento para dormirse.

Éste sería un caso típico de automecimiento brusco.[24] En general consiste en el balanceo bastante violento y rítmico de la cabeza, y en algunos casos del resto del cuerpo, cuando se quiere conciliar el sueño. Por ello se suele dar en los primeros momentos de la noche o después de un despertar (o en fases muy cercanas al despertar).

Las conductas varían desde un suave automecimiento hasta darse golpes violentos contra las paredes de la cama que pueden provocar heridas. El umbral del dolor parece hallarse incrementado, es decir, notan menos el dolor, por eso raramente suelen llorar aunque se lastimen.

Suele ser más frecuente entre los 8 y los 24 meses, aunque se puede presentar en cualquier momento hasta la adolescencia. Más allá de la adolescencia es prácticamente desconocido.

Muchos niños sanos[25] necesitan ser mecidos para dormirse. De hecho se han pasado nueve meses mecidos por el suave andar de su madre y eso les calma y reconforta. Por ello, el acunar a los niños es una de las prácticas más ancestrales y que mejor funcionan para dormirlos, y en caso de no poder ser acunados (por ejemplo porque van en sillita de paseo), a veces se acunan ellos mismos: todos hemos visto bebés frotándose rítmicamente la oreja, ronroneando mientras se mueven o frotándose los ojitos mientras balancean la cabeza. Esto es normal

---

24 También llamado *Jactatio Capitis*.

25 Hay patologías como el autismo, la ceguera, algunos tipos de deficiencia mental, etc., en que los balanceos son muy habituales. Pero en estos casos lo hacen día y noche y tienen otras alteraciones, sobre todo relacionales.

y no hay que preocuparse, de hecho, creo que nadie se preocupa por eso.

Las consultas vienen cuando la situación es muy alarmante: niños que se lesionan, que mueven su cunita varios metros o que se balancean tan bruscamente que a veces parece que se van a matar. La mayoría de niños que padecen situaciones semejantes suelen tener historias anteriores de deprivación emocional (es muy frecuente en niños de orfanato) o carencias afectivas importantes y ansiedad. Veamos un caso que expone Taylor:

> «Después de la caída del gobierno (rumano) en 1990, se abrieron las puertas de las *leagane* (orfanatos) y el mundo se asombró de lo que se encontró. Conmocionados, los asistentes sociales iban de una habitación a otra, llenas de niños que se balanceaban hacia delante y hacia atrás, se golpeaban las cabezas contra las paredes [...]. En su mayoría, estos niños no fueron golpeados ni pasaron hambre. No los torturaron ni violaron. Simplemente no los quisieron, acariciaron o abrazaron ni les enseñaron a sentir emociones o a reconocerlas en los demás.»[26]

En estos niños estas conductas provocarían placer mediante la evasión del cuerpo y la mente con este balanceo y liberarían tensiones. Recordemos que para dormir necesitamos descargar tensiones y estar relajados.

En los niños que tienen graves problemas emocionales, normalmente suele ser por falta de una correcta vinculación

[26] Taylor, S. E. (2002), pp. 60-61.

con sus cuidadores: a falta de alguien en quien confiar, el niño debe buscar un sustituto. El único objeto estable, la única experiencia sensorial agradable es su propio cuerpo, y hacia él se orientan las actividades autocentradas, balanceos y golpes. Eso sí, de una forma rítmica, intentando imitar los balanceos de cuando estaba en la barriga de su madre, momento de agradables sensaciones.

Otros casos menos graves, pero que no por ello deben dejarse sin tratar, son los niños con ansiedad o con tensiones afectivas en su entorno. Estos niños no suelen tener conductas de balanceos desde pequeños, sino que éstas aparecen en la órbita de una situación familiar difícil. Es típico el caso del niño de 13 meses que empieza a balancearse después de una separación de sus padres y sometido a un régimen de visitas excesivo para él (con demasiadas pernoctas fuera de su hogar habitual).

¿Qué hacer? Aunque muchos insistan en que no se debe hacer nada o, a lo sumo, acolchar la cama o poner un metrónomo en la habitación[27] (el ruido fuerte y rítmico ayuda a balancearse menos), lo mejor es tratar de que el niño se sienta seguro, protegido y tranquilo. Nada de eso se dará dejándole continuar de la misma forma y, aunque es verdad que estos comportamientos disminuyen con la edad, no es porque se superen o porque no pase nada, sino porque encuentran otras formas de expresar esa tensión o de conciliar el sueño.

Si su hijo tiene un comportamiento así, acúnelo (si es pequeño). Rara vez un niño acunado cariñosamente en la infancia se automecerá solo de forma tan alarmante. Si es demasiado grande como para poderlo acunar (o no admite el contacto en esos momentos) pruebe a ponerse a su lado en la cama. A veces

---

27 Estivill, E. y Béjar, S. de (1995), p.103; Ferber, R. (1993), pp. 221-229.

el dormir con alguien les calma rápidamente. Si no es así, además de dormir con él, intente marcarle un ritmo más suave con su mano para que, poco a poco, vaya balanceándose menos.

¿Cuál es la diferencia entre que estos movimientos desaparezcan por sí solos o con su ayuda? En el primer caso, al no resolverse la causa, con el tiempo simplemente se cambiará esta conducta por otra menos llamativa y más acorde a la edad. En el segundo caso, se resuelve la causa y la conducta desaparece sin ser sustituida.

Alucinaciones hipnagógicas, hipnopómpicas y parálisis del sueño

- Las *alucinaciones hipnagógicas* se producen en el momento de dormirse, cuando baja la vigilancia y nos abandonamos al sueño. En ese momento se elimina el control del estado de vigilia y se dan algunas manifestaciones físicas y alucinaciones mentales.

  Entre las físicas, la más conocida es el sobresalto a la hora de dormir que nos hace volver a despertar, o sentir que un brazo es más pesado, más grueso o más largo que otro. Entre las alucinaciones mentales está el creer que un determinado olor, gusto, ruido o pensamiento puede ser real.

  Las personas adultas apenas necesitamos unos breves momentos para darnos cuenta de nuestro error y ver que aquel sobresalto no era la caída al vacío que imaginábamos, sino solamente una sacudida. Pero los niños pueden confundirlas con verdaderas pesadillas, de ahí que tengan miedo a acostarse. En general pueden tratarse como las pesadillas (véase el apartado correspondiente). Si su bebé no tiene más que sobresaltos, pueden minimizarse envolviéndolo con una tela que le dificulte el movimiento de las extremidades.

- Las *alucinaciones hipnopómpicas* son las que se producen en el momento de despertarse. Como normalmente nos despertamos en fase REM (aquella en la que soñamos pero nuestro cuerpo no puede moverse), casi todas las alucinaciones en este momento nos parecen parálisis: tanto parálisis total del cuerpo como de una sola extremidad. En los adultos puede ser angustiante porque nos hace pensar en un posible accidente vascular cerebral o crisis epiléptica, pero pronto salimos del error. En cambio en el niño, la sensación de no poder moverse o gritar es aterradora, por ello puede tratarse de la misma forma que una pesadilla.

- La *parálisis del sueño* es lo mismo que las ilusiones hipnopómpicas pero, en lugar de darse en un despertar en fase REM, se da en mitad de una fase REM durante la noche. La sensación de confusión puede ser todavía mayor.

Resumen del capítulo 3

- *Los niños pequeños suelen seguir un horario de 25 horas en lugar de 24.* Por eso a veces les cuesta acostarse y por eso presentan alteraciones horarias.

- Debido a referentes externos e internos, los niños *acaban siguiendo un horario de 24 horas por sí solos.* El seguir algunas rutinas y mostrarles cuándo es de día y de noche con claridad puede ayudarle en muchos casos, aunque no siempre.

- *Los trastornos del sueño se dividen en: disomnias y parasomnias.*

- *Las disomnias son alteraciones en la cantidad y calidad del sueño.* La mayoría de las quejas de los padres se centran en este apartado.

- *Las parasomnias son acontecimientos o conductas anormales durante el sueño,* como andar o hablar dormido, las pesadillas, los terrores nocturnos, etcétera.

- *En los niños, la mayoría de las parasomnias suelen mejorar si se acuestan con poco cansancio y con poca ansiedad.* Para ello podemos seguir un horario prudente para acostarlos, intentar que estén relajados durante el día y hacerles compañía o dormir con ellos.

TERCERA PARTE

INTERVENCIÓN

Capítulo 4
Lo que no se debe hacer

Para dormir, cuantas menos cosas haga menos se equivocará.

A. SALES

Estrella tiene 7 años, hace tiempo que duerme sola en su habitación sin problemas y sus padres se sienten muy orgullosos de haberle inculcado tan bien este hábito.

Pero hace varias noches que se levanta sonámbula, da vueltas por la casa hasta que termina en la cama de sus padres, los cuales se ven obligados a despertarse para llevarla a su cuarto. ¡Hasta cuatro veces en una sola noche!

El pediatra les ha explicado que el sonambulismo es una alteración benigna, que lo único que hay que hacer con los niños es reconducirlos a la cama sin despertarlos;[1] y eso es lo que están haciendo.

Pero la cosa no mejora y, últimamente, incluso se niega a dormir en su habitación, sólo quiere dormir en la habitación de sus padres y en compañía de éstos.

Consultando con el mismo experto, éste les explica que su hija ha perdido el hábito de dormir bien, quizás por estos «acompañamientos» que le han venido ofreciendo por la noche. Les habla de un método maravilloso que en pocos días solucio-

---

[1] Estivill, E. y Béjar, S. de (1995), pp. 98-99; Ferber, R. (1993), p. 170.

nará el problema: inculcarle una rutina antes de ir a dormir, darle cariño no más de 15 minutos antes de acostarla y mostrarle lo que se espera de ella dejándola sola en la habitación para que aprenda a dormirse por sí misma. ¡Perdón!, no es sola, hay que acompañarla de un muñeco y un póster. Parece ser que son muy importantes.

Se les avisa de que la niña puede llorar y pedir que la dejen salir, por lo que, para demostrarle confianza, van a entrar cada ratito (les regalan una tabla con los minutos exactos que necesitan los niños) a repetirle que lo están haciendo por su bien y que le están enseñando a dormir porque ella no sabe. Les advierten que la niña puede que llore, que suplique, e incluso se provoque el vómito; todo con tal de dormir como ella quiere; pero que si se mantienen inflexibles todo se solucionará.[2]

Y así es. Evidentemente la niña los primeros días llora y les pide que la dejen salir (el primer día llega incluso a vomitar), pero al poco tiempo todo se soluciona por el bien de todos y las noches vuelven a ser tranquilas.

¿Por el bien de todos? ¿Noches tranquilas?

Imagínense que a Estrella le está ocurriendo lo mismo que a María (nombre ficticio), la niña de la siguiente noticia publicada en el diario *El País*. El texto reproducido está copiado íntegramente:

---

2 Estivill, E. y Béjar, S. de (1995), pp. 67-83; Ferber, R. (1993), pp. 83-92.

Arrestado el tío de una niña de siete años por abusar de ella (por Tono Calleja, Murcia)

«Un ciudadano paraguayo de 20 años ha sido detenido como presunto autor de una agresión sexual a su sobrina, de siete, con la que vivía en la capital murciana. Agentes del Servicio de Atención a la Familia (SAF) pusieron ayer a disposición judicial a M. V. B. El detenido, su esposa y los padres de la menor residían en el mismo domicilio, donde la pequeña tenía su propia habitación.

Las sospechas de los padres comenzaron cuando la menor solicitó acostarse junto a sus progenitores, quienes observaron inquietud en la niña. Según el relato policial, llegó una noche a levantarse sonámbula hasta en cuatro ocasiones.

Esta extraña conducta estaba motivada, según manifestó a sus padres, porque de noche y cuando ya todos estaban durmiendo, su tío entraba en sucesivas ocasiones a su habitación, acostándose en su cama y abusando sexualmente de ella.»

Según los últimos estudios, actualmente en España se barajan cifras de un 23% de niñas víctimas de abusos y un 15% en niños.[3] Estos abusos incluyen todo lo que se considera como tal, desde los tocamientos a las penetraciones, pasando por la sola exhibición de conductas sexuales delante de un niño. La mayoría de ellos suelen darse dentro del entorno familiar.

---

3 Echeburúa, E. y Guerricaechevarría, C. (2000), pp. 12-13; *www.infoabu.com* (información y orientación sobre abusos sexuales a menores) y *www.fada.voluntariat.com* (Associació per a l'Assessorament i la Prevenció dels Abusos Sexuals a Menors, FADA).

Para María, para todas las posibles Marías, tiene razón de existir un capítulo como éste. Y también por ella, por todas ellas, todos los que tenemos relación con la infancia deberíamos aprender a leer entre líneas las peticiones de los niños, antes de pensar que sólo pretenden tomarnos el pelo.

En general, aquellos «tratamientos» que no deberían utilizarse son:

1. *Los métodos de adiestramiento.*
2. *Los fármacos y otras sustancias.*

Métodos de adiestramiento

La puerta se cerró detrás de ti
y nunca más volviste a aparecer.
Dejaste abandonada la ilusión
que había en mi corazón por ti.
La puerta se cerró detrás de ti
y así detrás de ti se fue mi amor
creyendo que podría convencer
a tu alma de mi padecer [...].

L. DEMETRIO (*LA PUERTA*)

Cada noche, miles de niños de todo el mundo lloran de miedo en sus cunas por un mal diagnóstico de sus bienintencionados padres.

Las informaciones erróneas que corren sobre el sueño de los bebés hacen que esos padres piensen que sus hijos tienen un grave problema y buscan pseudométodos que prometen en pocos días una mejora del problema. De ahí la importancia del capítulo anterior para saber qué puede estar sucediéndole a su hijo.

Muchos de estos niños se ha comprobado que dormían correctamente según su edad y el hecho de modificar ese sueño trae consigo graves alteraciones futuras, tanto comportamentales como psicológicas.

El objetivo de este capítulo es desmitificar estos métodos (simples retoques de otros métodos completamente obsoletos) y mostrar lo peligrosos que pueden ser para los menores.

La explicación la dividiremos en cuatro partes:

— *¿Qué son los métodos de adiestramiento?*
— *¿Qué métodos «distintos» existen?*
— *¿Cómo funcionan?*
— *Secuelas y efectos negativos.*

1. ¿Qué son los métodos de adiestramiento?

Si nos remontamos unas décadas, faltando algo más de un tercio para acabar el siglo XX, nos encontramos en pleno auge del conductismo. Esta corriente psicológica intentaba (entre otras cosas) modificar la conducta problemática de un sujeto mediante refuerzos y estímulos tanto positivos como negativos.

Debido a ello, se generó un debate interno sobre lo ético o moral que podía ser un estímulo negativo[4] para un sujeto, ya

---

[4] En este sentido se entiende por negativo tanto un estímulo aversivo (algo que no guste al sujeto, como una descarga eléctrica, un golpe, un castigo...) como la eliminación de uno positivo (quedarse sin compañía, retirarle un premio...).

que muchos podían asociarse a verdaderas torturas. Pronto quedó comprobado que las modificaciones que tenían lugar mediante estímulos y refuerzos positivos (recompensas o evitación de un estímulo negativo) eran mejores (y más duraderas en algunos casos), con lo que los estímulos muy aversivos dejaron de utilizarse en adultos.[5]

Pero no fue así en animales y niños. Los adultos podemos quejarnos, pero ellos no. Así que hasta hoy (aunque cada vez menos) hay técnicas de modificación de conducta con estímulos aversivos que solamente se utilizan en niños y que nadie se atrevería a utilizar en adultos.

En este sentido destacan los castigos físicos y los métodos de adiestramiento mediante estímulos negativos (denominados también «castigos» en psicología).

Muchos profesionales le harán creer que el sistema de dejar llorar según una tabla no es un castigo, sino que simplemente no les hacemos caso cuando tienen una conducta no deseada. «No les estamos castigando —les dirán—, sólo estamos ignorando una conducta no deseada.»

Pero eso no es así. Tarpy[6], con el que me introduje en la universidad en los principios básicos del aprendizaje, explicaba que los paradigmas básicos de condicionamiento son cuatro: el condicionamiento de recompensa, el entrenamiento instrumental de escape-evitación, el entrenamiento de omisión y el castigo. Mientras que los dos primeros serían para aumentar una

---

[5] Creo que también hay otra motivación: ¿cuántos sujetos pagarían por la consulta de un psicólogo que les sometiera a un tratamiento con estímulos aversivos importantes?

[6] Tarpy, R. M. (1989), *Principios básicos del aprendizaje*, Editorial Debate, p.102.

respuesta, los dos últimos son para disminuirla. Como estamos hablando de disminuir una conducta vamos a ver estos dos últimos más de cerca, aunque ya les avanzamos que, ambos, son de tipo punitivo:

- *El entrenamiento de omisión.* La conducta que queremos modificar impide la ocurrencia de un estímulo apetitivo (deseable para el niño), pero si no se da esa conducta, sí hay estímulo apetitivo. Por ejemplo: «Hasta que no te vayas a dormir como queremos, no te haremos caso». El error más frecuente es pensar que los métodos de dejar llorar según una tabla son así. Pero no, son peores, porque en los de entrenamiento por omisión si el niño cambia su respuesta VOLVEMOS a darle lo que quiere (es decir: si se va a dormir cuando nosotros queremos, volveremos a hacerle caso, a dormir con él, a...), mientras que en los métodos de dejar llorar, a pesar de que cambien su respuesta, aunque hagan exactamente y con precisión suiza lo que se les pide que hagan, no obtienen lo deseado.
- *El castigo.* La conducta que queremos modificar inicia un estímulo nocivo. En este caso sería: «No duermo como mis padres quieren y me dejan abandonado a intervalos». Para un niño pequeño, y para muchos adultos, el que le abandonen es un estímulo nocivo importante, sin hablar del miedo, la soledad, la oscuridad... El dejar llorar siguiendo una tabla es un castigo según las leyes del aprendizaje. No se dejen engañar: no les estamos simplemente ignorando, no. Mediante nuestro abandono y el miedo les estamos castigando por su conducta.

2. ¿Qué métodos «distintos» existen?

La originalidad es el arte de ocultar la fuente.
A. BLOCH

Desde entonces hasta ahora han sido varios los autores que se han atribuido a sí mismos la invención de métodos para dormir a los niños a base de dejarlos llorar. Al principio se trataba sólo de eso: los dejabas llorar y ya está. Pero poco a poco (y para darle un matiz más científico a esta tortura) lo estructuraron más, dejándoles llorar según una tabla de tiempos.

El primer famoso en publicitar un método de éstos fue el doctor Benjamin Spock, conocido por sus métodos rígidos de crianza. En la edición de 1976 del libro *Baby and child care* (traducido en España bajo el título *Tu hijo*) aconseja que lo más sensato cuando el niño empieza a llorar es salir de la habitación y no volver a entrar. Para los niños más mayorcitos, que ya se bajan de la cuna, sugiere atar una red de malla por encima (¿les suena de algo este consejo?).[7]

El segundo del que hemos tenido constancia fue el doctor H. B. Valman, quien en su libro *Sleep problems* (1981) ya explicaba un método con tabla y todo. En español, nos llegó la traducción de un libro suyo de pediatría de 1982[8] con un resumen que reproducimos a continuación y en donde explicaba que había maneras que consistían solamente en dejar llorar y otras con una tabla de tiempos.

---

[7] Véase p. 94 del libro de R. Ferber que hemos citado.

[8] Valman, H. B. (1982), *ABC of one to seven.* (En la versión española traducido como *ABC de uno a siete años*, publicado en 1994 por Áncora), pp. 7-8.

La diferencia, explica, únicamente depende de la filosofía de los padres y del médico. Vean:

«La modificación conductual separa a la madre del niño gradual o abruptamente, dependiendo de la filosofía de los padres y del médico. El método lento se inicia con la madre dando una bebida y quedándose con el niño durante periodos de tiempo decrecientes [...] finalmente no acude en absoluto a la llamada del niño. El método abrupto consiste en dejar llorar al niño; el niño para después de tres o cuatro noches. Existe un número infinito de variaciones entre ambos extremos, y el temperamento de los padres, del niño y del médico determina cuál es el aceptable.

Otra aproximación consiste en aumentar el tiempo de espera antes de ir a ver al niño [...]. Será necesario tranquilizar a la madre respecto a que el niño no desarrollará una hernia de tanto llorar ni vomitará, ni se ahogará, y los vecinos pueden pacificarse diciéndoles que el niño pronto se curará.»

Estas explicaciones se acompañaban de la tabla de la página siguiente, con los minutos de espera antes de ir a ver al bebé, por si las madres optaban por la forma gradual en lugar de la brusca.

Tabla 5

TABLA DE ESPERA SEGÚN H. B. VALMAN(1981)[9]

Número de minutos a esperar antes de ir a ver a tu hijo brevemente				
Día	En el primer episodio	Si tu hijo todavía está llorando		
		Segundo episodio	Tercer episodio	Episodios subsiguientes
1	5	10	15	15
2	10	15	20	20
3	15	20	25	25
4	20	25	30	30
5	25	30	35	35

Al poco tiempo (1985), otro pediatra americano, el doctor Richard Ferber, lanzó al mundo su libro *Solve your child's sleep problems.*[10] En él mostraba la tabla que aparece en la página siguiente.[11]

Si les sobra el tiempo pueden jugar a encontrar las siete diferencias, pero por si no les sobra, ya les avanzamos que son lo mismo.

---

9 *ABC de uno a siete años,* Áncora, Barcelona, 1982.

10 Ferber, R. (1985), *Solve your child's sleep problems*, Simon & Schuster, Nueva York. (Traducido al español en 1994 como *Solucione los problemas de sueño de su hijo*, Medici, Barcelona).

11 Ferber, R., (1994), p. 91.

Tabla 6

TABLA DE ESPERA SEGÚN R. FERBER(1985)

Número de minutos a esperar antes de acudir a la habitación de su hijo durante breves instantes				
		Si su hijo llora todavía		
Día	Primera espera	Segunda espera	Tercera espera	Esperas siguientes
1	5	10	15	15
2	10	15	20	20
3	15	20	25	25
4	20	25	30	30
5	25	30	35	35
6	30	35	40	40
7	35	40	45	45

Así pasamos del método que explicaba el doctor Valman a lo que se bautizó como «método Ferber», y a los niños que se les aplicaba se les solía decir que se estaban «ferberizando».[12]

Ferber acompañó la tabla de su libro con nueve instrucciones que a continuación les resumimos:[13]

---

12 En casi todo el mundo el nombre más extendido para estos métodos es el de Ferber. De hecho, hace poco en una película norteamericana muy taquillera *(cuyo título en español era Los padres de él)* los abuelos maternos aplican este método al niño y, cuando se les pregunta que qué estan haciendo responden: «Lo estamos ferberizando».

13 Si las quieren ver enteras, Ferber, R. (1994), pp. 91-92.

1. Este cuadro muestra los minutos que usted deberá esperar antes de acudir a la habitación del niño que llora durante la noche o antes de iniciar el sueño.
2. Cada vez que entre en la habitación ha de estar pocos minutos. Recuerde, usted entra para asegurarse de que no pasa nada especial y no para que el niño calle o se duerma. Ha de repetir la misma frase de manera automática y no hacer caso de lo que el niño diga o haga. La finalidad es conseguir que aprenda a dormir solo, sin cogerlo, mecerlo, ni darle agua o comida a cambio.
3. Si alcanza el máximo de minutos de espera de una noche y su hijo no se ha dormido, ha de continuar esperando la misma cantidad de tiempo hasta que el niño se duerma en uno de los periodos en que usted esté fuera de la habitación.
4. Si se vuelve a despertar después de dormirse, se ha de volver a empezar la tabla desde el principio.
5. Continúe esta rutina cada vez que se despierte hasta una hora razonable por la mañana (por regla general entre las 5.30 y las 7.30 de la mañana). Despiértelo si duerme o levántelo si ya está despierto para empezar con las rutinas de la mañana.
6. Utilice las mismas pautas para las siestas, pero si al cabo de una hora no se duerme o si se despierta llorando después de unos minutos de sueño, se da por finalizado el tiempo de la siesta.
7. El número de minutos que se sugieren en la tabla anterior son los que han dado mayores resultados y han estado considerados como los más factibles para la mayoría

de familias. Si a usted le parece demasiado largo puede reducirlos. De hecho, lo que funciona no es el tiempo de espera determinado, sino el incremento de forma progresiva.

8. Es imprescindible seguir la tabla (que usted ha elegido) escrupulosamente. Así podrá hacer un seguimiento detallado de los progresos del niño.
9. Después de siete días, su hijo debería dormir bien. Pero si el problema persiste continúe añadiendo cinco minutos cada vez en días sucesivos.

Fíjense qué casualidad: ¡doce años después del «método Ferber», en 1997, estas mismas instrucciones se repartían mecanografiadas en la consulta del doctor Estivill como parte del «método Estivill»![14] En la hoja que se repartía en su consulta se podían leer las mismas instrucciones, pero había dos cambios (no significativos):

— El primero es que en el punto número 5, en que se habla de la hora de levantarse, el doctor Estivill pone unos horarios más acordes a nuestro país. Así, pasa de las 5.30 y 7.30 de la mañana a las 7 y 9 respectivamente.

— El segundo es que modifica un poco los minutos de la tabla, suponemos que para hacer su propia aportación. Así, la tabla queda como vemos en la página siguiente.

[14] Versión española del método Ferber.

Tabla 7

TABLA DE ESPERA SEGÚN E. ESTIVILL (1995)[15]

Minutos que los padres deben esperar antes de entrar en la habitación del niño que llora				
Día	Primera espera	Si el niño sigue llorando		
		Segunda espera	Tercera espera	Esperas siguientes
1	1	3	5	5
2	3	5	7	7
3	5	7	9	9
4	7	9	11	1
5	9	11	13	13
6	11	13	15	15
7	13	15	17	17

Entre las muchas «coincidencias» que tienen estos métodos (aparte de las tablas casi idénticas y de las explicaciones similares), también está la de preocuparse por los vecinos, a base de engañarles con una supuesta enfermedad del niño. Mientras que en Valman[16] se lee al final del extracto de su libro: «Y los vecinos pueden pacificarse diciéndoles que el niño pronto se curará», Estivill comenta:[17] «En el caso de que un vecino se queje, siempre le podéis decir que el niño sufre una otitis muy dolorosa [...] es una mentira piadosa que se puede utilizar».

---

15 Estivill, E. y Béjar, S. de (1995).

16 Valman, H. B. (1982), pp. 7-8.

17 Estivill, E., *Guía rápida para enseñar a los niños a dormir.*

Ferber[18] también dedica unos párrafos en su libro a los vecinos, aunque se muestra más partidario de decir la verdad. Quizás los anteriores autores vieron que los padres no se atreverían a confesar ante los vecinos semejante tortura y pensaron que lo mejor era disfrazarla.

Puede que ahora, después de ver la cantidad de métodos similares, usted se pregunte... ¿hay alguno probado científicamente? ¿Es mejor dejar llorar o hacerlo según una tabla?

Cada autor le hablará de lo científico de su método, aunque ninguno de ellos ha hecho un estudio comparativo entre su tabla de horarios y otra para ver cuál es la más efectiva. Lo único que tenemos de momento es un estudio de los doctores Milberg y Gerold[19] (2001).

Estos autores cogieron a niños sanos de 6 a 60 meses, es decir, se sacaron todos los que tenían alteraciones de su sueño debidas a patologías y sólo se dejaron a los que tenían dificultades para conciliar el sueño (DCS) y los que tenían despertares nocturnos (DN) sin ninguna causa aparente. A todos los menores de un año se les aplicó el programa de extinción total (es decir, dejarlos llorar sin más) y al resto se les aplicó la extinción gradual (mediante una tabla).

Por debajo de los 18 meses había 31 niños: 15 menores de un año a los que se dejó llorar sin más y 16 entre los 12 y 18 meses a los que se dejó llorar según una tabla. Justamente la mayoría de éxitos estaban en este grupo de niños más pequeños, de 18 meses (todos menos un niño se adaptaron en menos de

---

18 Ferber, R. (1993), p. 89.

19 Milberg, F. y Gerold, I. (2001), «Dificultad para conciliar el sueño y despertares nocturnos como motivo de consulta pediátrica», *Arch. Argent. Pediatr.*, 99 (6), 2001, pp. 503-509.

una semana). Los autores lo atribuyeron a la edad (funciona mejor cuanto más pequeños se les aplique) porque no encontraron diferencia en cuanto a aplicar método o no hacerlo.

Según mi experiencia tampoco hay diferencias en cuanto a métodos, porque no se trata de ningún método (como ya demostraremos después), sino de dejar llorar a los niños hasta que se cansen. El «éxito» depende de variables como la edad del niño, su temperamento y el tiempo de aplicación del método (hay niños que han tenido que llorar solos más de un mes para notar algunos efectos en el dormir. Lo curioso es que en la salud mental los efectos se notan antes).[20]

Sin embargo, en este mismo estudio de Milberg y Gerold, mientras que los niños pequeños presentaban cambios rápidamente, los niños mayores (a los que se les aplicaba el método de dejar llorar según una tabla), tardaban cada vez más en presentar mejoras, si es que lo hacían: de los 11 niños del grupo de 36 a 60 meses, tan sólo uno había respondido al método al cabo de una semana, 2 presentaron apenas una «mejoría» parcial o ninguna mejoría, mientras que 8 niños llegaron a necesitar más de 15 días. Imagínense a sus hijos 15 días llorando... ¡Cuando no tenían ningún problema! Les recuerdo que eran niños sanos, sin patologías en el dormir. Niños a los que sólo les costaba dormirse o que se despertaban.

Por esta razón, en este libro hablaremos indistintamente de los métodos para dormir dejando llorar simplemente o los que lo hacen según una tabla. Ni en la literatura, ni en la práctica diaria hemos encontrado diferencias.

---

20 Véanse los ejemplos en el apartado siguiente sobre «secuelas y efectos negativos».

Como resumen de este apartado debería quedar lo siguiente:

- Los métodos de adiestramiento para dormir existen desde hace varias décadas. Se trata de dejar llorar solos a los niños para que aprendan a no quejarse en una determinada situación.
- Cada autor le hace sus propias modificaciones, con lo que cambia el nombre pero el funcionamiento no difiere de forma significativa. Eso o, como ya hemos visto, los expertos que inventan métodos para dormir tienen la telepatía más agudizada de este planeta.
- No hay ninguno que funcione mejor que otro, aunque sus autores lo pregonen así. Hay estudios en los que no se ha encontrado diferencias entre dejar llorar a los niños solos o según una tabla. Las diferencias aparecen en función de la edad: cuanto más pequeños, mayor *shock* emocional, por lo que resultan más eficaces.

3. Cómo funcionan los métodos de adiestramiento para dormir

¿Cómo imaginar
que la vida sigue igual?
¿Cómo, si tus pasos
ya no cruzan el portal?

CHICO NOVARRO, *CÓMO*

Paso 1. Crear una patología: sembrar el pánico

¿Se acuerdan del capítulo 2 en donde explicábamos cómo hacer de lo normal un problema? Pues ése es el primer punto. Si no se acuerda, repáselo.

¿Saben cuántos niños de 7 meses son capaces de dormir 10 y 12 horas de un tirón sin interrupciones?[21] Pues apenas un 10 o un 15% si revisamos parte de la literatura sobre el tema. Ello no quiere decir que no haya niños que no sean capaces de hacerlo, pero no es lo más frecuente ni normal.

Recordemos que, según estudios de Lozoff (1985) y Richman (1981), entre el 15 y el 35% de los niños tiene algún tipo de perturbación durante los primeros 5 años de vida.

Richards y Bernal (1974) explicaban que a los 14 meses el mayor problema de consulta pediátrica eran los despertares nocturnos frecuentes.

Las doctoras Challamel y Thirion (2003) explican que a los 18 meses aún se despiertan entre el 40 y el 60% de los niños.

En el estudio de Anders (1979) solamente el 33% de los niños de 9 meses dormía de un tirón 5 horas. Lo que corroboraría el artículo del diario *Clarín* que citábamos en el capítulo 2 de que tan sólo el 18,7% de los niños de un año duerme toda la noche.

Ajuriaguerra afirma:[22] «En el primer año el sueño se interrumpe frecuentemente con momentos de vigilia, que van de unos minutos a una hora [...]. Entre los 3 y los 5 años el sueño está mejor organizado en general, pero todavía es frecuente que cueste dormirse, el despertarse por la noche, el soñar, la ansiedad, etcétera. Hacia los cuatro años, poco a poco, se negará a hace la siesta».

Haslam[23] apunta que «a los padres se les dan con frecuencia expectativas poco realistas en cuanto a horarios de sueño».

---

21 Estivill, E. y Béjar, S. de (1995), p. 88.
22 Ajuriaguerra, J. (1997), pp. 158 y 161.
23 Haslam, D. (1985), p. 28.

Estas falsas expectativas obligan a los padres a creer que su hijo tiene un grave problema y que si no se soluciona desarrollará en el futuro alguna patología más grave. Esto es falso. Como ya demostramos en el primer capítulo, el sueño es evolutivo y todo niño sano dormirá perfectamente algún día, si no se altera esa evolución natural.

Pero la alarma ya está creada y apoyada por frases que no se sostienen con ningún estudio científico, como: «Si no duermen de pequeños, de mayores ya no van a dormir más», cuando ya hemos visto en el capítulo 1 cómo el sueño es evolutivo y un día u otro dormirán. Además, el sueño infantil no predice el sueño adulto, aunque en algunos casos coincidan.

Veamos alguna de estas frases más de cerca: «Los niños que duermen mal suelen pagarlo con centímetros y kilos de menos».[24]

Si bien es verdad que la hormona del crecimiento se segrega durante el sueño, hay estudios[25] que demuestran que no se ha podido relacionar niños poco dormilones con un déficit de crecimiento. Hoy en día se sabe que esta hormona del crecimiento se segrega durante la fase profunda del sueño (aquella que reparaba físicamente nuestro cuerpo y lo recuperaba del cansancio). Los niños tienen la fase de sueño profundo al principio de la noche, es decir, hagan lo que hagan (se acuesten temprano o tarde, o se despierten en mitad de la noche) acaban por hacerla. Además, ya explicábamos que si no la hacen, esta fase es la única que se recupera al día siguiente. Así pues, no hay diferencias entre los dormilones y los menos dormilones porque todos acaban secretando esta hormona.

---

24 Estivill, E. y Béjar, S. de (1995), p. 21.

25 Sassin, J., Parker, D., Mace, J. y cols. (1969).

No obstante, la única manera en que la falta de sueño puede perjudicar al niño en cuanto al crecimiento es que se viera reducida su fase de sueño profundo por alguna causa. En este sentido cabe remarcar a los niños que toman benzodiazepinas para dormir mejor. Este fármaco elimina la fase de sueño profundo en niños y podría haber un retraso de crecimiento a pesar de dormir más.

Por lo demás, es muy difícil que un niño vea reducida su fase de sueño profundo, porque ya hemos explicado que los niños tienen esta fase mucho más profunda que los adultos.

Pero hay estudios recientes que relacionan la existencia de un hecho traumático en la vida de un niño con una reducción del crecimiento,[26] que estaría basado en la reducción de la fase de sueño profundo que tienen los niños traumatizados para mantener la vigilancia y la alerta, aunque este hecho todavía no puede apoyarse en los resultados.

En general, no hay diferencia en lo que se refiere al crecimiento entre un niño que duerme mucho y uno que duerme poco. Lo que si puede afectar al crecimiento de un niño es el estrés.

> «La superabundancia de hormonas del estrés en fases tan tempranas de la vida puede conducir a la inhibición de la hormona del crecimiento» (S. E. Taylor, 2002).

Así que no haga caso de estas frases alarmistas y, por si acaso, no aplique métodos para dormir que puedan provocar estrés en su hijo.

---

[26] Sadeh, A. y cols. (1994).

De hecho, los padres que no se alarman con estas falsas ideas y expectativas suelen ser aquellos que valoran como menos problemáticas las noches de sus hijos, a pesar de que sus hijos se despierten igual que los otros.

Si pudiéramos echar un vistazo a las sociedades en donde la crianza es más respetuosa con las necesidades de los niños y les dan más tiempo para adquirir un ritmo circadiano, nos daríamos cuenta de que apenas tienen problemas de sueño. De hecho, hay comunidades en donde el sueño nocturno no está tan idealizado como lo tenemos nosotros. En parte, esto es así porque nosotros si no dormimos de noche ya no podemos dormir en todo el día, mientras que estas sociedades pueden hacer una (o más de una) «siesta» a lo largo del día, pero por otra parte es que ellos aprenden a dormir cuando quieren. En este sentido, tanto M. Small[27] refiriéndose a los ¡kung san africanos, como J. Liedloff[28] respecto a los tauripanes sudamericanos, explican la misma anécdota: cómo son capaces en medio de la noche de despertarse unos a otros para contarse una anécdota y luego continuar durmiendo como si nada. Es más, Small explica:

> «[...] a los ¡kung san les resulta muy natural despertar en medio de la noche y pasar unas cuantas horas conversando en torno a la fogata. En su cultura no existe el insomnio, porque nadie pretende dormir toda la noche» (M. Small, 1999).

Hace muchos años, en un artículo de 1972, Powell[29], observando estos supuestos «insomnios infantiles», se dedicó a

---

27 Small, M. (1999), p. 149.

28 Liedloff, J. (2003), p. 26.

29 Powell, B.W., *Practitioner*, 1972, pp. 198-202.

buscarle un nombre (toda enfermedad lo tiene) y lo bautizó como «malos hábitos» (y así lo siguen repitiendo los sucesivos «inventores» de métodos). Así, si hasta entonces no sabía si a su hijo le pasaba algo, ahora ya lo tiene por escrito: «Insomnio infantil por malos hábitos».

Y yo me pregunto... si un niño pequeño se supone que tiene malos hábitos, ¿a quién culparán? Al que se los inculca y enseña, ¿no? Porque, que yo sepa, nadie nace con un mal hábito adquirido.

Lo curioso del caso, según estos métodos, es que los niños deben llorar para solucionar una cosa que se supone han hecho mal sus padres.

¡Tranquilos! En ningún momento he pensado que los padres sean los culpables de nada, porque ni siquiera son malos hábitos lo que tienen los niños. Tan sólo hacía una reflexión sobre el diagnóstico que suelen dar estos métodos. ¿Que por qué pienso que no son malos hábitos? No sé cuál es peor hábito: ¿Querer dormir en una cama de matrimonio o en una cuna? ¿Que te acompañe a dormir una persona querida o un peluche? ¿Dormir a las 23 horas o a las 21 horas? Pues nada me parece malo, pero si hacen caso de estos métodos, tan sólo la segunda opción es buena, mientras que la mayor parte de la vida acabaremos haciendo la primera. ¡Qué ironía! Enseñamos a nuestros hijos a dormir de una forma que nunca más vamos a seguir.

Afortunadamente, cada vez hay más profesionales[30] que se cuestionan la información dada en estos «métodos» debido a

---

30 Por citar alguno fácilmente localizable para el lector: en *www.acp.it* (página oficial de la Asociación Cultural Pediátrica de Italia), en el acta de la reunión de junio de 2005 se puede leer que: A. M. Moschetti plantea el problema de ciertas informaciones no conformes a la evidencia científica de la bibliografía, presente en el libro *Duérmete niño* de Estivill, e invita a leer críticamente los artículos ya enviados a la directiva nacional. M. Gangemi sugiere el envío de

la ausencia de literatura científica que avale algunas de sus afirmaciones.

No haga caso de aquellos que quieren sembrar el pánico o crear patologías donde no existen. Muchos padres que acuden a consultar sobre el sueño de sus hijos, en cuanto les informamos de lo que es frecuente que hagan los niños de la edad del suyo, no quieren ninguna otra intervención: «Es que nos habían asustado —comentan—, y pensábamos que el niño tenía algo grave».

Paso 2. Despersonalizar a los niños

Bueno, se supone que el primer paso está dado y nos han convencido de que nuestro hijo tiene una grave patología a la hora de dormir. Ahora deben convencernos, además, de que nuestro hijo no tiene los mismos derechos de un adulto; que para ellos «el fin sí justifica los medios», si esos medios son aceptados por sus padres o tutores.

Vean si no lo que explicaba este matrimonio:

> Hace dos años que Alejandro llegó y dos años que no podíamos dormir una noche entera. Apenas dormía 6 horas por la noche y lo compensaba haciendo varias pequeñas siestas durante el día. Se acostaba tarde, hacia las 23 horas, y no nos dejaba ni un momento para ver la tele tranquilos. Cuando se despertaba por la noche reclamaba nuestra pre-

una carta a *Cuadernos* de la ACP, que estimule un debate provechoso en el seno de la asociación. G. Biasini considera oportuna en este momento una toma de posición de la ACP acerca de un opúsculo ministerial dirigido a los padres y referente a las posiciones durante el sueño.

sencia: «Que si agua, que si al baño, que si no tengo más sueño…». Como nos dijeron que podía pasar la noche sin beber (y en cuanto al pipí, le pusimos un pañal muy absorbente) pensamos que nuestras noches mejorarían. Pero no fue así porque, al no acudir, salía él solo de la cama. Incluso a pesar de su limitada movilidad, conseguía saltar las protecciones que habíamos puesto en la cama para que no se cayera. Teníamos que turnarnos para vigilarle porque se magullaba cuando andaba por la casa a oscuras.

Al final nos enseñaron un método y lo pusimos en práctica. El primer día lo acostamos y le dijimos: «Alejandro, te queremos mucho y te vamos a enseñar a dormir». Acto seguido le encerramos con una valla en la habitación, apagamos la luz y nos fuimos. Como normalmente se acostaba a las 23 horas y le habíamos puesto a dormir a las 20 horas pasó bastante rato antes de que se durmiera y nos dijo de todo: que si agua, que si pipí, que si tengo hambre, que si no quiero dormir... Íbamos cada ratito (bueno, seguíamos una tabla) para que no le pasara nada. Al final se durmió y cuando se despertó por la noche otra vez: que si agua, que si pipí, que si.... Fue duro pero ahora ya ha terminado todo. Quizás no duerma mucho más que antes, pero ya no molesta y nos deja dormir. En cuanto llegan las 20 horas le acostamos, le apagamos la luz y le cerramos la valla. ¡Y tan tranquilos hasta el día siguiente!

Esta escena no alarmaría a nadie a no ser por el pequeño detalle de que Alejandro era un abuelito de 95 años al que cuida el matrimonio que explica la historia.

Para poder actuar en contra de alguien es más fácil si le quitamos primero el estatus de persona. Usted mismo, si hubiera pensado que Alejandro era una persona, se hubiera escandalizado de inmediato, pero como pensó que era el hijo del matrimonio, pues todo vale. En estos manuales para adiestrar niños no se hace referencia a ellos como personas, sino únicamente como «hijos de alguien», con lo cual nos refuerzan la idea de que pertenecen a sus cuidadores. Jean Liedloff[31] nos explica el peligro que encierran estas ideas:

> «En nuestro estilo de vida, otro obstáculo para el *continuum* es la idea de que nuestros hijos nos pertenecen y que, por lo tanto, tenemos el derecho de tratarlos como nos plazca, salvo pegarles[32] o matarlos. No tienen ningún derecho legal que les proteja de ser torturados por unas madres que los dejan llorar solos sin tener en cuenta su sufrimiento.»

Como no hay ninguna evidencia científica que haga pensar que existe un salto de «calidad humana»[33] en un momento dado, es decir, que llegue una edad en que se es más persona que antes, todos debemos tener los mismos derechos.

---

31 Liedloff, J. (2003), p. 163.

32 La autora desconoce que en nuestro país aún se considera legal el pegar a los niños para disciplinarles, ya que ella proviene de Estados Unidos, en donde hay un debate más crítico del tema.

33 Este concepto lo leí por primera vez en una entrevista al doctor Carlo Bellieri.

Paso 3. Malinterpretar las señales del niño

Recapitulemos: primero le han hecho creer que su hijo tiene una grave patología que, si usted no pone remedio, va a durar toda la vida y va a condicionar la altura, peso y currículo académico del bebé. Segundo, que como progenitor debe educar a su hijo según el lema «el fin justifica los medios», por el cual cualquier cosa sirve si de educar a un hijo se trata. Pero, ¿qué impide que una madre se acerque a su bebé que la llama? No es la patología que se supone que tiene (la mayoría de madres acuden cuando sus hijos están enfermos). Tampoco es que piense que el bebé le pertenece, puesto que si le pertenece lo cogerá con tranquilidad. No. Hay que conseguir que malinterprete esas señales y que se sienta estafada y rechazada por su hijo, de ahí el paso tercero.

Según Barudy[34], el hecho de que cada adulto lleve su infancia en la memoria debería permitirle la empatía necesaria para identificarse con los niños y sus necesidades. Pero, debido a diversas causas, a los adultos se les olvida con rapidez que los niños tienen unas necesidades específicas y pueden llegar a malinterpretar sus acciones si alguien así se lo inculca.

Entre esas causas destacan:

- Bloqueo de la memoria infantil: algunos adultos, para evitar sufrir por los dolores del pasado, olvidan o se vuelven insensibles. Éstos serían padres que, sin saberlo conscientemente, tuvieron infancias grises (nada traumáticas a simple vista) con padres muy estrictos, falta de contacto con ellos, etcétera.

---

[34] Barudy, J. y Dantagnan, M. (2005), p. 134.

- Un exceso de etnocentrismo (adultismo). El adulto piensa que es más importante que un niño y esa postura autorreferencial le impide conectarse con el niño que hay en su corazón. Esto le mantiene emocionalmente lejos de las necesidades infantiles y pueden priorizar las suyas. En este sentido, se oyen frases como «¡que se aguante un rato! ¡Yo también tengo derecho a descansar!».
- Ataque de narcisismo paterno. Hay padres muy narcisistas que consideran que todo tiene que ser perfecto porque ellos lo hacen todo perfecto. En este sentido, un niño que no duerme o que se porta mal (según sus cánones) lo viven como un fallo propio y, el pensar que a lo mejor están equivocados, no es lo que más guste a unos padres narcisistas, que intentarán traspasar esa culpa al niño.

No se preocupe si ha descubierto en usted alguno de estos rasgos. Es muy difícil que alguien esté libre de pequeños atisbos de alguno de ellos, y, si ha sido capaz de admitirlo, es señal de que en usted aún hay memoria infantil y eso le conectará mejor con su hijo.

También puede suceder que usted pertenezca a la cuarta categoría: aquellos padres que tienen memoria infantil y entienden a sus hijos cuando expresan alguna necesidad. ¡Enhorabuena!

Ahora imaginen qué pasaría si existieran investigadores con actitud «adultista»:

> «Lo anterior (adultismo) puede explicar por qué muchos investigadores que han estudiado la infancia no siempre presentaron modelos explicativos justos y accesibles para sen-

sibilizar al mundo adulto sobre la existencia y las manifestaciones peculiares del sufrimiento infantil. Muchas de sus teorías se expresan en un lenguaje retórico que, en lugar de acercar a los adultos al mundo de los niños y niñas, les separa aún más. A menudo son discursos teóricos que reducen a los niños, sus necesidades y su proceso de desarrollo a conceptos abstractos que, al estar tan alejados del lenguaje natural de los padres, amplifican la sensación de que los niños son seres complicados, difíciles e incluso peligrosos.»[35]

A veces estos lobos vienen con piel de cordero, y con un lenguaje próximo a los padres intentan hacerles creer que:

1. La necesidad de contacto que tienen sus hijos sólo es tal durante el día, pero por la noche no es más que capricho. Esto es falso, como ya demostraremos en el siguiente capítulo.

2. Que son los padres los que han de decidir cómo han de dormir los niños (un claro ejemplo de adultismo), cuando los adultos elegimos cada uno qué nos va mejor para dormir sin hacer caso al vecino. Así, hace tres años estuve en un hotel en donde había ¡una carta de almohadas! Podías elegir entre varios modelos teniendo en cuenta la altura, la dureza, el material o la forma. Los del hotel sabían que a cada uno nos gusta dormir de una forma determinada: tapados, destapados, solos o en compañía, con luz o sin ella, con distintas almohadas... Nadie debe

35. Barudy, J. y Dantagnan, M. (2005), p. 135.

decirle a otro cómo debe dormir, y menos, hacerle llorar para inculcarle una manera que después no va a utilizar jamás en la vida. ¿Ha visto algún adulto en su sano juicio durmiendo con un oso, en una cuna, con una valla en la puerta, que se niegue a compartir la cama con nadie, que...? Si son los adultos los que eligen cómo ha de dormir el niño, que al menos le enseñen cómo lo hará durante la mayor parte de su vida.

3. Que el niño hará todo lo que esté en su mano para manipularlos: «Si hiciera falta aprendería a decir "Nabucodonosor"».[36] Un niño básicamente pide a mamá o papá, en alguna de sus variantes, simple compañía, mimos, mecer, cantar... Si éstos no acuden puede que pida cosas que los acerquen, como agua, leche o pipí. Pero nunca han pedido otra cosa. Nunca se les ha ocurrido manipularnos[37] con «si me duermo, ¿me compráis la bicicleta?», o despertarse y que cuando acuda su madre se haga el dormido (sólo para manipular la situación). No, nos quieren a nosotros en ese momento y no hay manipulación, simplemente utilizarán lo que tienen a su alcance para hacernos saber su necesidad.

Sea como sea, nos hacen creer que nos manipulan y que sus necesidades (al menos por la noche) pueden ser ignoradas. ¿Cómo reaccionan los diferentes tipos de padres?:[38]

---

36 Estivill, E. y Béjar, S. de (1995), p. 77.

37 Esta idea se la oí por primera vez al doctor Carlos González en una conferencia.

38 Nos volvemos a referir a los padres que explicábamos tres páginas antes.

- Los padres con bloqueo de la memoria infantil se dividían entre los que habían bloqueado la memoria y los que se insensibilizaban. Los que olvidaron la memoria infantil pueden creer todo lo que les digan, así lo explica Liedloff:[39]

  «Las madres jóvenes leen cualquier cosa y lo siguen al pie de la letra, desconfiando de su capacidad innata y de los "motivos" que tiene el bebé para transmitir unas señales que siguen siendo perfectamente claras.»

  Y los que se vuelven insensibles actúan de la siguiente forma:

  «Por lo tanto, una de las formas con que la madre o el cuidador intentarán manejar esta situación sin que les sobrepase es negar las necesidades de su bebé y decir, por ejemplo, que no está cansado, hambriento o con dolor. La respuesta es tomar distancia del estado emocional del bebé [...] dando su propia lectura de lo que su bebé vivencia.»[40]

  Estos padres se vuelven insensibles y suelen hacer caso de frases como: «No le pasa nada, es un llorón», «No os preocupéis, sólo quiere llamar la atención», «Llorar es bueno para los pulmones», «Vomita porque quiere». Lo que sea con tal de distanciarse del sufrimiento de sus hijos. Por eso, muchos profesionales que emplean

---

39 Liedloff, J. (2003), p. 45.

40 Barudy, J. y Dantagnan, M. (2005), pp. 168-169.

métodos de dejar llorar utilizan frases en este sentido que calan muy bien en estos padres:

«Tenga la seguridad de que vomitar no daña para nada la salud de su pequeño, por lo que no debe sentirse culpable si eso sucede.»[41]

«Llorar, gritar, vomitar y golpearse: con este efectivo repertorio obtiene toda la atención de sus padres, que corren a hacerle compañía y fiestas. En realidad no le pasa nada, sólo quiere llamar la atención y no estar solo.»[42]

- Los padres etnocéntricos (adultistas) dan soluciones de adultos a las necesidades de su hijo: «Ha de aprender a dormir como un mayor», «Debe acostumbrarse a estar solo», «Ya es hora de que...». Todo ello cosas muy frecuentes en los adultos pero aún demasiado inaccesibles a los niños. Como hay niños que biológicamente no pueden asumirlas, los padres se vuelven muy rígidos pues interpretan estas señales como «no quiere» en lugar de «no puede».

- Los padres narcisistas observan cómo su montaje se desmorona y se sienten heridos en su orgullo. No. No pueden ser ellos los que se equivoquen, tiene que ser el niño el que no hace lo que tiene que hacer. Estos padres primero buscan patologías como explicación y, si no las

---

[41] Ferber, R. (1993), p. 85.
[42] Estivill, E. (2000), p. 39.

encuentran, es que el niño «planta batalla». Sienten a su hijo como un enemigo al que hay que doblegar. Liedloff[43] comenta lo patético de algunas situaciones derivadas de este pensamiento, como que un niño puede llorar pidiendo el amor de su madre y una madre que lo rechaza porque él no le ofrece el amor filial que ella está anhelando en forma de «niño feliz».

Sea como sea, estos métodos se basan en hacerles creer que su hijo tiene toda la culpa de lo que pasa. ¡Y no sólo la culpa!, sino que además lo hacen con la intención de «chinchar» a los mayores a toda costa. De ahí que piense que los padres que aplican estos métodos son, al igual que los niños, unas víctimas más del montaje:

> «En este tipo de juego no hay tirano ni villano. Todo cuanto puede descubrirse de un horizonte a otro son víctimas de víctimas» (Jean Liedloff).

Paso 4. Curarse en salud (qué hacer cuando no funcionan)

Estos métodos no funcionan siempre. Aunque le quieran hacer creer que la mayoría de veces funcionan, no es así. A juzgar por los foros de internet (en donde las madres que los han probado explican los resultados obtenidos) y las consultas de nuestro centro, podemos deducir que únicamente funcionan en el 60% de los casos de niños que no tienen nada (si hay parasomnias u otras alteraciones estos métodos no suelen servir).

---

43 Liedloff, J. (2003), p. 128.

Esto, que no es un estudio científico, estaría relacionado con los resultados del estudio de Milberg y Gerold. Sobre todo, hay que tener en cuenta que cuanto mayor es el niño, menos funciona. Así, en el estudio de Milberg y Gerold, al analizar el grupo de niños de entre 36 y 60 meses, observamos lo siguiente: sólo el 9% de los niños responden a lo esperado. Otro 9% no responden al tratamiento (o no les funciona nada o sólo han notado una leve mejora después de más de 15 días de dejarlos llorar). El restante 82% estaría formado por aquellos a quienes les ha acabado funcionando después de mucha insistencia (más de 15 días en el mejor de los casos, aunque no especifica cuántos), pero, a cambio, hay niños de este último grupo que han desarrollado otra patología del sueño (¡olé!).

Cito textualmente:

> «Otros once pacientes también experimentaron una mejoría completa, pero después de los 15 días de iniciado el tratamiento. Es de destacar que en este grupo de mayor edad aparecieron, en algunos casos, nuevos trastornos conductuales o de sueño luego de comenzado el tratamiento, entre ellos, pesadillas, aparición de miedos y fobias, etcétera.»

Por eso no hemos incluido a este grupo entre aquellos a quien les ha funcionado, porque no veo diferencia entre tener a un niño sin dormir por «malos hábitos» o por miedos y fobias. Bueno, sí la hay: el de «malos hábitos» por sí solo dormirá algún día, el de miedos y fobias seguramente no.

Como la mayoría de estos autores venden la idea de que su método funciona rayando el 90 o casi el 100%, tienen que buscarse excusas para cuando no funciona. En este sentido utilizan la táctica de la culpabilización a la inversa, es decir: «Si mi método no funciona, la culpa es tuya».

Para que eso funcione se basan en una premisa importante (y que tan buenos resultados ha tenido en las dictaduras):

> «Todo lo que no está prohibido es obligatorio.»

A partir de aquí es fácil: se trata de prohibir cosas normales para los niños (cantar, mecer, dar la mano...)[44] y dar unas normas muy inflexibles a las que hay que ceñirse sin saltarse nada:

- «Debéis tener en cuenta que para que esta técnica dé resultado sólo podéis hacer lo que os expliquemos, es decir, cuando os asalte una duda, ceñíos a lo que hayáis leído, no hagáis nada que no se os ha explicado.»[45]
- «Bastará con que *una sola vez* hagáis lo que el niño os pida —agua, una canción, darle la mano "un momento", brazos...— para que perdáis la partida.»[46]
- «Asegúrese de que sigue el cuadro establecido para su hijo de manera fiel y constante.»[47]

---

44 Desde que el hombre es hombre, hay una tradición de nanas que las madres cantaban a sus hijos, y de mecer a los mismos (de ahí las cunas, para acunar), y nunca hemos tenido tanto insomnio como ahora en que hemos perdido parte de ese arte.

45 Estivill, E. y Béjar, S. de (1995), p. 69.

46 Estivill, E. y Béjar, S. de (1995), p. 83.

47 Ferber, R. (1993), p. 92.

- «Una vez que se haya decidido por una determinada terapia, sígala tan al pie de la letra como le sea posible. Tenga siempre presente el tiempo exacto que debe esperar antes de acudir a confortar a su hijo».[48]

Con estas advertencias es muy difícil no cometer un error y muy fácil pensar que no funciona por nuestra culpa: «Teniendo en cuenta que los fracasos se han producido en hogares en que los padres no fueron capaces de mantenerse firmes en su actitud...».[49]

Pues no. No funciona porque muchas veces no lo hace (ya vimos como en niños mayores puede haber hasta un 90% de fracaso, aunque es verdad que cuanto más pequeños son más funciona, porque la capacidad de sentir miedo ante esa situación es mayor y se necesita miedo para que el método tenga efecto, como ya veremos después).

Hace poco oí unas declaraciones de uno de estos gurús del sueño, en que al preguntarle por los niños que se traumatizaban o lloraban gratuitamente porque tenían razones para hacerlo, explicaba que a lo mejor se habían malinterpretado sus palabras: que el método era una guía, que no había que seguirlo a rajatabla (¿qué?), que a lo mejor no servía en todos los casos... O una de dos: o los libros se los escriben otros y no saben lo que ponen, o ¡jolines! (en realidad quería decir otra cosa), ¡haberlo dicho antes! La cantidad de niños que habrán llorado sin necesidad.

A lo mejor pretenden sacar otro libro en donde, a la vista de los resultados obtenidos, quieran «suavizar» su método y, de paso, seguir viviendo de lo mismo.

---

[48] Ferber, R. (1993), p. 87.

[49] Estivill y Béjar, S. de (1995), p. 70 (nota al pie).

Paso 5. Provocar el shock neuroemocional

El movimiento de la certidumbre a la incertidumbre es lo que yo llamo miedo.

KRISHNAMURTI (1995)

Ha llegado el día. Tenemos la habitación del niño preparada (póster y móvil incluidos). Le repetimos lo mucho que lo queremos y que le vamos a enseñar a dormir. Acto seguido salimos de la habitación y apagamos la luz.

El niño se queda solo, asustado. Por primera vez en mucho tiempo tiene miedo ante la idea de que sus padres no están y ante cómo afrontará esa nueva experiencia. La alarma se activa.

Siempre que el niño tiene miedo los sistemas de alarma se activan, y aunque nosotros pensemos que es por tonterías, ellos no lo saben. Como «el coste de morir una sola vez es superior al coste de cien falsas alarmas»[50], en general, los sistemas que han generado la evolución tienen tendencia a dar falsas alarmas. Más vale una falsa alarma que algo irreversible.

A partir de ese momento se ponen en marcha los sistemas más antiguos de respuesta a la alarma: el sistema HHA (hipotálamo-hipofisario-adrenal), el sistema adrenérgico, las catecolaminas, etc... ¿Que cómo funciona eso?

En principio, nuestro cuerpo se debe preparar para lo peor (escapar o pelear), para ello la amígdala (una parte de nuestro cerebro emocional) envía mensajes para que se active todo un sistema hormonal capitaneado por la adrenalina y otras catecolaminas, que van a provocar una activación general.

---

50 Nesse, R. M. y Williams, G. C. (1995), citados en Sanjuán, J. y Cela Conde, C. J. (2005), p. 127.

Imagine por un momento que está en la cama, muerto de sueño, los ojos cerrados y a punto de dormir, cuando oye un ruido misterioso en el rellano de la escalera. ¿Acaso no se le pasará el sueño de golpe y, con los ojos como platos, estará atento a todo lo que pase? Pues eso es debido a la activación de todo ese sistema.

Si su hijo cada día se duerme a las 22 horas y usted empieza por primera vez a aplicarle uno de estos métodos a las 21.30 horas, no sólo no se dormirá entonces, sino que seguramente tampoco lo hará a las 22 horas. Así que, el dejarlo llorar para dormir lo único que favorece, al principio, es que el niño se «despierte» más.

Todo este flujo químico y hormonal inunda violentamente el cerebro, apuntando directamente a la amígdala, que queda colapsada. Los niños que lloran y no son atendidos pronto pueden llorar desesperadamente hasta que la amígdala se colapsa. Como sea que la naturaleza es sabia y sabe que el cuerpo no resistiría mucho tiempo en una situación como ésta, suele compensarlo con la secreción de sustancias de carácter opiáceo, endorfinas, serotonina…, que provocan una bajada de todo este sistema de alarma en el sujeto. Los psicólogos que nos dedicamos a las catástrofes sabemos por experiencia que, cuando un sujeto presenta una activación importante tras un impacto, es cuestión de tiempo que descienda esta activación primera.

Por lo tanto, si tenemos que para su hijo ya era la hora de dormir, que encima se ha pasado un tiempo llorando (con el consiguiente cansancio) y que acaba de recibir una inyección brutal de opiáceos, endorfinas, serotonina... Lo normal es que caiga rendido y se duerma. Eso es la esencia de los métodos para dormir. Pero no se engañe: no ha aprendido a dormir, solamente está «autodrogado».

Ésta es la razón por la que este sistema funciona mejor con niños pequeños: cuanto más pequeño es el niño, más se asusta. ¿Usted cree que si le aplica a un adolescente este método le va a funcionar? Pues no, porque es difícil que se asuste tanto como para provocar este *shock*. Seguramente se quedará tan tranquilo en su cuarto. Por eso no se cansarán de repetirle que si no lo soluciona antes de los cinco años luego va a ser imposible. Veamos lo que dicen sobre esto algunos autores:

> «Piense que cuantos menos años tenga el niño, más fácil le será moldear su comportamiento.»[51]
>
> «Un niño que a los 5 años no ha superado su problema de insomnio, tiene más probabilidades de padecer trastornos del sueño toda su vida.»[52]

Con sucesivas «experiencias» como ésta el niño va a aprender, por un lado, que nadie va a hacerle caso, que sus necesidades no son merecedoras de atención (aquí se da una baja autoestima) y por eso muchos de ellos dejan de protestar. Por otra parte, se cree que el hecho de repetir oleadas de estas sustancias químicas en el cerebro es la causa de la reducción de la producción normal de serotonina y de la insensibilización de la amígdala. Para que vayan haciendo una anticipación de lo que explicaremos posteriormente, sepan que las alteraciones de los niveles de serotonina se relacionan con las depresiones y que la amígdala es el centro del cerebro emocional por excelencia, que

[51] Ferber, R. (1993), p. 83.
[52] Estivill, E. y Béjar, S. de (1995), p. 24.

de esta forma puede quedar alterado, perdiendo oportunidades de desarrollar la confianza, la autoestima y la empatía. Además, un bajo nivel de serotonina es el indicador más importante de violencia en animales y humanos, y se ha relacionado con tasas altas de homicidios, suicidios, piromanías, desórdenes antisociales, automutilaciones y otros desórdenes agresivos.[53]

Todo ello «favorecerá» que a la larga el niño se acueste sin decir nada y se duerma. Pero ni por un momento piense que ha aprendido a dormir, tan sólo a doblegarse y a autodrogarse.

Paralelamente a todo esto, y debido a ello, se incrementa el nivel de cortisol, que es la hormona del estrés por excelencia. ¿Qué pasa con un niño sometido durante unos días a la tortura de «llorar para dormir»? Veámoslo de la mano de algunos autores:

> «La activación excesiva o continuada del sistema de alarma se convierte en un problema por sí mismo [...] sabemos que los niveles altos mantenidos de cortisol pueden tener un efecto tóxico cerebral (sobre todo en áreas del hipocampo) provocando pérdida neuronal» (Uno *et al.* 1989, Checkley 1996, Kloet 2003).[54]

Una pregunta: ¿a que no saben qué sucede cuando el cortisol está alto y la serotonina también? ¡Que se produce el vómito involuntario!

---

[53] Mause, L. de (1991), Aluja, A. (1991), Daderman, A. M. y Lidberg, L. (2002), entre otros.

[54] Sanjuán, J. y Cela Conde, C. J. (2005), p. 127.

Si alguien les había dicho que los niños sólo vomitaban porque querían llamar la atención, les engañaron. En estado de *shock*, con los niveles alterados de cortisol, se produce con facilidad el vómito. Ustedes lo habrán observado más de una vez en películas en que, ante una escena impactante, el personaje debe salir afuera a vomitar (generalmente el actor secundario, por supuesto).

¿Cómo le sienta ahora esta frase?:

> «¿Qué otros trucos utilizará? [...] puede que vomite. No os asustéis, no le pasa nada: los niños saben provocarse el vómito con suma facilidad. ¿Qué haréis? Sulfuraros por dentro pero manteneros impasibles por fuera; limpiad el desaguisado, cambiadle las sábanas y su pijama si hace falta y continuad con el "programa de actos" como si nada hubiera sucedido».[55]

En 1996, el profesor Rauch (Universidad de Harvard) sacó imágenes de las zonas que se activaban en sujetos traumatizados cuando revivían la escena traumática (escuchaban el relato de los peores momentos de su vivencia). Aparte de demostrar, como ya hemos explicado, que la zona que se colapsa es el sistema límbico en general y la amígdala en particular, también apreció una «anestesia» del área del lenguaje (sobre todo el expresivo). Por lo tanto, si ustedes tienen a un bebé colapsado por las hormonas (muy acelerado en una primera fase o muy atontado después), con afección de la amígdala (que altera nues-

[55] Estivill, E. y Béjar, S. de (1995), p. 79.

tra memoria inmediata), llorando con varios decibelios de volumen y con parte del área del lenguaje alterada... ¿Piensan que un niño va a entender «tranquilo cariño, papá y mamá te están enseñando a dormir?». Pues no.

No sé si ustedes se han encontrado en alguna situación de crisis. En el primer momento tras el impacto, si usted le pregunta a la víctima: «¿Qué ha pasado?», seguramente le contestará con una interrogación: «¿Qué?», y cuando le haya repetido la pregunta balbuceará algunos monosílabos como respuesta que, a menudo, no se ajustarán a lo que se le preguntó. Esta persona está en estado de *shock* y sus facultades de comprensión están mermadas momentáneamente.

Todos los métodos de dejar llorar para aprender a dormir (sea con tabla de tiempos o sin ella) se basan en provocar un *shock* emocional en el niño. Por eso funcionan mejor en niños más pequeños (y más fáciles de asustar si se les deja solos) que en más mayores. Los daños que se producen a corto, medio y largo plazo los veremos a continuación, pero les adelanto uno «curioso», referido a los tiempos de espera de estos métodos.

Lo de dejar abandonado a intervalos provoca un efecto negativo (por no llamarlo cruel) que suelen mostrar los niños. ¿Han oído hablar de la conducta supersticiosa de las palomas de Skinner? En 1948 Skinner encerró a 8 palomas hambrientas en una jaula y alimentadas en un periodo fijo de tiempo. A pesar de que no había nada que hiciera que la comida llegara antes ni después, se encontró que 6 de las 8 palomas repetían incesantemente una conducta: aquella que hacían en el momento en que llegó la comida, pensando que a lo mejor había una relación entre esa conducta y la comida que acababa de aparecer. Cuanto más la repetían (la conducta) más probabilidades tenían de que haciéndola les llegara la comida y, por lo tanto, más la mantenían.

En un caso que llegó a la consulta, un niño había hecho algo parecido: suponemos que su madre entró en la habitación a tranquilizarle en el momento en que sacaba los bracitos por los barrotes de la cuna y ahora, aunque ya hacía tiempo que dormía según los cánones de un libro, a su madre no le parecía muy normal que su hijo sólo se durmiera de lado, pegada la cara a los barrotes, con los brazos colgando y alargando sus manitas hacia la puerta.

En otro caso, el niño repetía las mismas palabras sin cesar, como un mantra. No obstante, esto no sucede con la misma frecuencia que con las palomas de Skinner (seis de ocho), sino en muchas menos ocasiones. De hecho, si no fueran unos casos tan tristes, hasta podríamos usar la palabra «anecdóticos». Algunos autores hablan de las consecuencias de este tipo de métodos:

> «Dado que gran parte del desarrollo cerebral tiene lugar durante los primeros años de vida, es plausible considerar que repetidos traumas causados por las alteraciones químicas producto de periodos prolongados de llanto, situaciones de ansiedad por separación no resueltas y otras situaciones de respuesta al miedo, pueden predisponer al individuo a disfunciones emocionales y de comportamiento social en su edad adulta». (Lloyd de Mausse, 1991).

4. Secuelas y efectos negativos

El psicohistoriador Lloyd de Mause[56] explica que los traumas provocados por el desamparo pueden dañar severamente el

[56] Mause, L. de (1991).

hipocampo, matando neuronas (causando lesiones). Este daño es causado por la liberación de una cascada de cortisol, adrenalina y otras hormonas de estrés segregadas durante el episodio traumático, que no sólo dañan las células cerebrales sino también la memoria y ponen en marcha una desregulación duradera de la bioquímica cerebral.

Esta desregulación provoca una serie de alteraciones. Las secuelas más importantes y que se pueden observar en los niños son: ansiedad, depresión, indefensión aprendida, síndrome de estrés postraumático, trastornos del apego y alteraciones del comportamiento tales como hiperactividad.[57]

No pretendemos hacer un detalle exhaustivo de estas patologías ni de sus mecanismos de adquisición. Por si quieren ampliar este apartado sin acudir a libros excesivamente especializados, pueden ver la magnífica revisión de Sanjuán, J. y Cela, C. J. (2005), citada en la bibliografía, a la que nos referiremos en varias ocasiones, o el libro de S. E.Taylor (2002).

En el apartado anterior podíamos ver que el niño puede ser sometido a un estado de activación de la alarma cuando se le aplican métodos de dejar llorar. Suomi (1997) pudo comprobar en monos *Rhesus* que el estado de activación y alarma se puede hacer crónico, y que se va pasando de un estado agudo al principio (que serían las crisis de ansiedad) a un estado de alarma continuado (ansiedad generalizada) o presentar una claudicación (depresión). En los niños también es así. Aunque hay más.

A continuación vamos a explicar estos cuadros para que usted pueda observarlos e identificarlos en los niños. Ante la

---

57 También se ha asociado el trauma y el estrés con la diabetes y la obesidad en población adulta. Aquí sólo nos referiremos a los trastornos en los niños.

presencia de algunos de estos síntomas, el profesional debería siempre buscar, en la historia clínica del sujeto, episodios de abandono y de cualquier forma de estrés infantil:

- Los *cuadros de ansiedad* se pueden manifestar porque el niño, alterado su equilibrio cerebral, queda en una hiperestimulación continua de sus mecanismos de alerta y activación.
  Esta hiper respuesta le puede provocar pánico excesivo ante determinados hechos. Los más frecuentes que nos encontramos en las consultas del sueño son el miedo o la intranquilidad al irse a dormir (sobre todo en niños mayores o en aquellos a los que, ya hace tiempo, se les aplicó un método). Pero también miedo a otras cosas. En este sentido, hay madres que describen a sus hijos como excesivamente retraídos socialmente o miedosos ante las situaciones más cotidianas.
  Algunos niños, ante esta incertidumbre y miedo, necesitan hacer rituales repetitivos que se asemejan al trastorno obsesivo. En este sentido, pueden centrase únicamente en el ámbito del sueño (rituales antes de dormir), pero también hacen rituales para otras conductas de la vida cotidiana.

- Los trastornos de ansiedad en estos casos suelen dar lugar posteriormente a *cuadros depresivos*. (Wittchen *et al.* 2003). ¿Cuál sería el mecanismo íntimo de paso de una respuesta de alarma a una respuesta depresiva? Una posible explicación sería el ya mencionado daño neural. Otra posibilidad es que «el exceso mantenido de cortisol provoque cambios en el sistema serotoninérgico con una alteración al alza en la sensibilidad de dichos receptores». (Tafet y Bernardini 2003).[58] Es decir, los niveles altos de cortisol (hormona del estrés) acaban alterando la regulación de la serotonina, que es el neurotransmisor clave en la depresión.

Si bien es verdad que los cuadros depresivos se manifiestan en los adultos mediante una disminución del humor, de la actividad, apatía, etcétera, en los niños a veces se presenta en forma opuesta, con irritabilidad y con hiperactividad manifiesta.[59]

- ¿Que es la *indefensión aprendida*? Seligman lo definió, en 1975, como un estado de apatía inducido por la experiencia reiterada de la incapacidad de actuar de modo que se logre un resultado deseado o se evite un trauma emocional. Es decir, cuando el niño asume que haga lo que haga nunca logrará lo que quiere. Los sujetos que sienten eso se abandonan a su suerte y ya no «plantan batalla». Muestran un mecanismo de desfallecimiento cuya función adaptativa podría ser el ahorro de energía ante una situación en que notan que la lucha es inútil. Esta indefensión se puede generalizar a otros ámbitos de la vida del niño (y posteriormente del adulto que será) dando lugar a sujetos extremadamente dóciles, con poca asertividad y baja autoestima.

- *Trastornos del apego*: cuando un niño es cuidado desde el nacimiento por unos padres «responsivos», es decir,

58 Sanjuán, J. y Cela Conde, C. J. (2005), p. 128.
59 VV. A.A. (2002), DSM- IV.

que responden prontamente a la llamada del niño, se crea un apego seguro. Mary Ainsworth así lo comprobó y definió en un estudio de 1970.

Pero cuando esos padres no responden a las llamadas y requerimientos del niño, ese apego sufre modificaciones. Por un lado estaría el niño que se siente rechazado y rechaza. Es un niño exasperado que exaspera más al adulto. Es un niño hostil, afectivamente frío y distante: «Ese arte de amar poco, les protege del sufrimiento de amar mucho».[60]

Por otro lado está el niño que se inhibe afectivamente. Aprende que cuanto menos reclame a su madre, menos rechazado será por ésta. Los bebés pueden reaccionar durmiendo más tiempo. Ocurre que esta reacción temperamental les protege doblemente, primero porque sufren menos por la carencia y no se agotan agitándose[61] y segundo, porque estos bebés son interpretados por sus padres como fáciles y les permiten estar más tiempo a su lado. Según Barudy, conforme crecen, su ámbito emocional se caracteriza por una inhibición psicológica (no demuestran sus sentimientos), pero en otros ámbitos de su vida todo puede ir bien porque suelen ser dóciles, solícitos y perfeccionistas, aunque no den espacio a la intimidad, al contacto afectuoso.

- ¿Y el *síndrome de estrés postraumático*? Para que un niño se traumatice por un método de adiestramiento tienen que darse como premisas básicas:

---

[60] Cyrulnik, B. (2002), p. 110.

[61] Cyrulnik, B. (2002), p. 120.

Primero, que el niño lo haya experimentado de alguna forma (sufrido, presenciado, oído...); y segundo, que haya respondido con temor, desesperanza o un horror intenso.[62]

Esta reflexión es importante porque hay gente que puede suponer que «sólo» el niño al que se le practica se puede traumatizar, pero si en la casa hay hermanos o se hace en presencia de otros niños, éstos también pueden quedar alterados. Asimismo, sólo se traumatizan si responden con ese temor intenso que mencionábamos. Si un niño se queda tan tranquilo en la habitación (es lo que pasa en niños mayores, por eso a ellos no les funciona) seguramente no se traumatizará (aunque puede que presente otras alteraciones como las descritas antes). Puede que sufran pero no hay trauma.

Otra reflexión importante es que el trauma se adquiere solo. No necesitamos más que una situación impactante y un sujeto. Y, ante un mismo hecho, cada persona puede responder de forma diferente. Es por ello que, hagan lo que hagan los padres (acudir según una tabla o cuando ellos lo crean, mostrarse más seguros o menos, etc.), los niños pueden traumatizarse igual. Y el hecho de que un hermano no muestre signos de SEPT (síndrome de estrés postraumático) no quiere decir que el segundo vaya a ser igual.

Ya lo ven, es una ruleta impredecible en muchos casos. Los manuales de métodos de adiestramiento sólo le están diciendo: «¡Hagan juego señores!».

---

62 Véase DSM-IV.

Entre los síntomas que se pueden observar en niños traumatizados están:

- Sistemas de incremento de la *activación* (ya vimos anteriormente cómo se daban conductas de hiperrespuesta en niños sometidos a estos métodos.). Según el DSM-IV se pueden observar:
  - — Dificultades para conciliar y mantener el sueño (fíjese qué ironía).
  - — Irritabilidad o ataques de ira.
  - — Dificultades para concentrarse.
  - — Hipervigilancia.
  - — Respuestas exageradas de sobresalto.

- *Evitación* persistente de estímulos asociados al trauma manifestados en los niños por:
  - — Evitar actividades y lugares relacionados con el hecho (algunos empiezan a odiar su habitación o cama).
  - — Incapacidad para recordar un aspecto importante de lo que pasó.
  - — Reducción acusada del interés o de la participación en actividades significativas (muchas madres lo interpretan como que el niño se ha vuelto más tranquilo desde que le enseñaron a dormir).

- El acontecimiento se *reexperimenta* a través de una o más de estas formas:
  - — Sueños de carácter recurrente (por ello estos niños tienen más posibilidades de tener pesadillas después de aplicar estos métodos, como ya explicamos

anteriormente cuando citábamos el estudio de Milberg y Gerold).

— Recuerdos sobre el acontecimiento que producen malestar. En los niños hay un aumento de juegos repetitivos en donde expresan alguna parte del trauma. En este sentido, es frecuente ver a una niña de 2-3 años «enseñando» a dormir a su muñeca e ignorándola.

La posibilidad de trauma en un individuo es mayor cuando es otro individuo el que se lo provoca. En los niños, además, tiene otra cruda realidad, pues son las mismas figuras que se suponen que deben consolarles las que les provocan el llanto. ¿Cómo entender eso?

Parte de la dificultad para discernir hasta qué punto un niño queda alterado por estos métodos es que muchas de las conductas que adquieren los niños son valoradas por los padres como mejoras (niños que con depresión se vuelven más dormilones, molestan menos, etc.) y otras no se manifiestan hasta la edad adulta.

De acuerdo con la Sociedad Americana de Desórdenes por Ansiedad (ADAA): «Uno de cada ocho niños de edades entre 9 y 17 años, sufre al menos un desorden ansioso cada año. A pesar de su predominio, estos desórdenes a menudo permanecen ocultos o tienen un fallo de diagnóstico hasta que surgen complicaciones posteriores (como una depresión o abuso de sustancias) en la adolescencia o la edad adulta».

Y, anteriormente, la doctora Alice Miller[63] ya advertía: «Todo comportamiento absurdo tiene su prehistoria en la infan-

---

[63] Miller, A. (2001), p. 133.

cia temprana, que no será posible explorar mientras la manipulación de las necesidades tanto físicas como psíquicas del niño sea entendida por los adultos no como un acto de crueldad, sino como una medida pedagógica necesaria».

Alguno se preguntará si esto es irreparable, y la respuesta es: afortunadamente, no.

Hay más factores que influyen en estos casos. Algunos ya los hemos nombrado, como la edad del niño, las experiencias previas de trauma, etcétera, que pueden hacer que estas alteraciones sean pasajeras o pasen casi desapercibidas. En caso de no ser así, la psicoterapia es muy útil.

Cada escuela psicológica le dará su enfoque, y todas pueden servir para tratar tanto la ansiedad como la depresión infantil o el trauma. Normalmente, en niños pequeños también se trabaja a partir de reconstruir el vínculo (normalmente dañado) y sobre la capacidad de resiliencia[64] de cada infante.

El problema aparecía cuando llegaban a consulta pequeños con estas alteraciones que todavía no hablaban. Pequeños bebés de meses o menores de dos años con los que el abordaje terapéutico quedaba muy limitado, puesto que ni siquiera garabateaban.[65] Actualmente, y mediante el abordaje con técnicas de

---

64 La resiliencia sería la capacidad que tenemos las personas de resistir el sufrimiento psíquico, así como la capacidad de solucionar los traumas derivados del mismo. Según Cyrulnik (2005), «señala tanto la capacidad de resistir las magulladuras de la herida psicológica como el impulso de reparación psíquica que nace de esa resistencia», p. 23.

65 El poder dibujar o expresarse mediante el moldeado en plastilina es una de las muchas técnicas que se utilizan para las terápias infantiles.

EMDR[66], podemos reducir la ansiedad en estos bebés y aligerar el trauma.

El EMDR está oficialmente reconocido como tratamiento eficaz para el síndrome de estrés postraumático por la American Psychological Association, y es uno de los recursos que utilizamos los psicólogos de emergencias. La primera vez que en la consulta vi reflejados los síntomas de un trauma en un niño «adiestrado» no dudé en aplicarle la técnica que ya había utilizado en casos de SEPT y funcionó rápidamente. Aunque estos problemas se pueden abordar, como ya hemos dicho, desde cualquiera de las escuelas psicológicas existentes, el EMDR es una técnica especialmente recomendable para los profesionales que se dediquen a tratar las secuelas de los métodos de adiestramiento para dormir.

En la página anterior explicaba cómo afortunadamente estas alteraciones no son irreparables. No me gustaría terminar este apartado sin hacer una consideración: *son reparables, pero no son reversibles*, algo que apunta atinadamente Boris Cyrulnik:

> «Hay que ser claro: no existe reversibilidad posible después de un trauma, lo que hay es una perentoria obligación de metamorfosis. Una herida precoz o una grave conmoción emocional dejan una huella cerebral y afectiva que permanece oculta tras la reanudación del desarrollo. El jersey

66 Siglas que corresponden a Eye Movement Desensitization and Reprocessing. Si quiere saber sobre este tema lea el libro de Shaphiro, F. (2004) citado en la bibliografía. Pero si prefieren sólo unas nociones, puede consultar el *best-seller* de Servan-Schreiber, *Curación emocional*, en el que hay un capítulo dedicado al EMDR de fácil lectura.

así tejido adolecerá de la falta de un pespunte o presentará una urdimbre particular que desviará la continuación del tejido. Puede volver a ser hermoso y cálido, pero será diferente. El trastorno puede repararse, a veces incluso de forma ventajosa, pero no es reversible».

Fármacos y otras sustancias

Supongamos que unos padres están desesperados con el patrón de sueño de su hijo y, una vez leído el apartado anterior, deciden no aplicar métodos de adiestramiento, pero empiezan a probar toda suerte de sustancias que les han dicho favorecen el sueño de los pequeños. ¿Hasta qué punto es correcto?

Difícilmente encontrarán libros sobre el sueño que recomienden a los niños algún tipo de sustancia.

Hasta los seis meses raramente se dan trastornos importantes del sueño (las parasomnias son casi desconocidas a estas edades y las disomnias muy improbables, puesto que el ritmo circadiano no está adquirido y pueden dormir en varias secuencias), por tanto se debería evitar cualquier sustancia administrada a un bebé, más aún si es lactante, ya que cualquier cosa que ingiera el bebé puede ir en detrimento de la lactancia. Además, un recién nacido excesivamente adormilado (como podría suceder con estas sustancias) tendría más probabilidades de sufrir SMSL (Síndrome de Muerte Súbita del Lactante).

A partir de esta edad hay muchos preparados que garantizan el sueño en el niño, algunos con la misma efectividad que un placebo, otros bastante peligrosos para el menor. Veamos los más populares:

- *Benzodiazepinas.* Se suelen recomendar[67] en adultos y adolescentes para las parasomnias relacionadas con la fase profunda del sueño. ¿Se acuerdan? Para las personas sonámbulas, las que hablan, las que tienen terrores nocturnos, etcétera, porque eliminan la fase profunda del sueño (fase IV): si no hay fase profunda, no hay problema.

  Pero... ¿qué ocurre con los menores?

  Los adultos, ante la sensación de sueño, nos rendimos a ella, pero no así los más pequeños, que lo interpretan como una señal de que algo va mal, como algo que pone en peligro su vida:

> «Enloquecidos por la nueva sensación de ebriedad y de somnolencia provocada por el medicamento y sin comprender lo que les pasa, se agitan de manera violenta, extraña, gritando y agitándose cada vez más, dominados por el pánico a dormirse "a pesar suyo", y no pegarán ojo durante toda la noche. Imposible para ellos abandonarse a esta sensación anormal, aceptar la ebriedad química inexplicable. Los adultos se abandonan fácilmente a ello, pero no así los niños pequeños. Este agravamiento de la agitación y de las dificultades del sueño ligado al medicamento afecta a más de un niño de cada tres durante el primer año. También en esto el riesgo es grave. Para detener el proceso, los padres espontáneamente aumentan las dosis, llegando pronto a la dosis tóxica, en que un niño atontado se viene abajo.

67 Recuerde que para cualquier fármaco la indicación debe provenir del médico.

Es un traumatismo cerebral mayor que, si se reproduce a menudo, puede comprometer gravemente el equilibrio posterior, equilibrio psicológico y equilibrio del sueño, por muchos años.»[68]

En adultos, las benzodiazepinas se suelen utilizar para el tratamiento de las parasomnias con buenos resultados, pero no deberían usarse con los niños porque no suelen funcionar. A pesar de eso, en casos muy alarmantes o graves (aquellos en que el niño se lesiona habitualmente debido a los movimientos bruscos) en que ni la relajación, ni las medidas de seguridad, etcétera, pueden minimizar los episodios, se puede probar, pero difícilmente en un niño pequeño nos encontraremos con un caso así.

Lo que no debería hacerse es dar benzodiazepinas para cualquier otra disomnia o alteración del sueño, porque si eliminamos gratuitamente la fase profunda del sueño (aquella que ayuda a nuestro cuerpo a descansar, aquella durante la cual se segrega la hormona del crecimiento), las consecuencias para el menor también pueden ser nocivas.

- *Antihistamínicos y somníferos.* Aunque farmacológicamente no tengan nada que ver estas dos categorías, las hemos puesto juntas, ya que los antihistamínicos suelen ser los fármacos más recetados para ayudar a los niños a dormir.

68 Challamel, M. J. y Thirion, M. (2003), p. 223.

El problema es doble:

- Por una parte, al dejar de tomarlos vuelve el insomnio, con lo que nunca se soluciona nada, tan sólo momentáneamente, y si el niño se duerme tendrá pesadillas provocadas por un rebrote del sueño paradójico (REM), ya que algunos de estos fármacos actúan como un suprimidor del sueño REM.
- Por otra, normalmente se termina aumentando las dosis para obtener el mismo efecto, con lo que se acaba con dosis excesivas que impiden dejar el fármaco. Más aún si hay un rebrote de síntomas, como explicábamos en el párrafo anterior. Sólo funcionan si la causa del insomnio es pasajera, pero si es persistente llega un momento en que los despertares vuelven.

En general, los somníferos no hacen dormir, sino que impiden el despertar. Challamel y Thirion apuntan la acción de estas sustancias sobre nuestro sueño:

> «El sueño producido por somníferos no es un sueño normal. Hay una clara disminución del sueño lento profundo y del sueño paradójico en beneficio de un sueño lento ligero. Esta disminución está ligada a una disminución de la excitabilidad de los centros de sueño, que no pueden ya desempeñar su papel natural. [...] Es, pues, toda una química muy delicada de la vida cerebral la que se modifica.»[69]

69 Challamel, M. J. y Thirion, M. (2003), p. 219.

- *L-Triptófano*. Desde que se descubrió que la leche materna contenía un aminoácido, el L-triptófano, que ayudaba en el inicio del sueño, y que por ello los niños, cuando estaban al pecho, se dormían con más facilidad, se ha intentado usar esta sustancia para los desórdenes nocturnos.

  No obstante, en 1989, con el uso del L-triptófano muy extendido en pacientes psiquiátricos, apareció en Estados Unidos un síndrome tóxico asociado al L-triptófano que causó varias muertes y casi dos mil afectados. Fue llamado síndrome de Eosinofilia-mialgia.

  Se averiguó que el L-triptófano en dosis masivas era tan sólo el portador del tóxico que causaba el síndrome, pero no se supo discernir cómo se introducía, llegaba o se formaba ese tóxico en el L-triptófano. Como es evidente, el L-triptófano se prohibió en Estados Unidos y otros países dejaron de recetarlo simplemente como precaución.

  Personalmente, aunque dudo de que se vuelva a repetir un síndrome de esas características, y aunque no sea el L-triptófano en sí lo que lo produce, los datos actuales aún nos indican que hay que ser prudentes en ese aspecto.

- *Melatonina*. La melatonina es una hormona que se segrega en ausencia de luz (solar) y que induce al sueño. Se han constatado buenos resultados en pacientes adultos a los que les cuesta conciliar el sueño.

  Según Hale (2002): «No se conoce el efecto de la melatonina administrada por vía oral a recién nacidos, pero hasta ahora la melatonina no se ha asociado a ningún efecto adverso importante».

¿Hemos de interpretar que podemos administrar melatonina a los niños a los que les cuesta dormir?

En los recién nacidos, los niveles de melatonina son bajos y van aumentando hasta llegar a los 3 meses de vida (que es cuando se empieza a notar el ritmo circadiano, pero no alcanzarán su valor máximo hasta 1-3 años, y posteriormente descenderán hasta valores adultos. Si la naturaleza no dota de los mismos niveles de melatonina a los niños que a los adultos será por algo, digo yo. De todas formas, si usted sospecha que a su bebé le cuesta conciliar el sueño pruebe a pasearlo más de día para observar si por la noche, en ausencia marcada de luz, segrega más melatonina y duerme más. Personalmente, no soy partidaria de alterar un equilibrio hormonal en niños tan pequeños.

Además, hemos de recordar que la melatonina sirve para la inducción al sueño, pero no sirve para los despertares frecuentes durante la noche (que es lo que más suele preocupar a los padres).

- *Infusiones*. Antes de los seis meses no debería administrarse al bebé nada más que leche, especialmente si, como ya hemos dicho anteriormente, el niño se alimenta de pecho.

  A partir de ahí hay que ser cautos: muchas de la «hierbas» que se publicitan para dormir tienen tan sólo un efecto placebo (aumentado en algunos casos por ser una bebida caliente y acompañada con la presencia de papá o mamá) y en cambio, como la manzanilla, se desestima su uso en madres lactantes y en niños dada su capacidad alergénica y anafiláctica (Hale, 2002).

Así que mejor pida información contrastada sobre si una infusión en particular puede darse a los niños.

En el caso de preparados farmacéuticos, hace unos años se comprobó una relación entre caries infantil y el uso de estas sustancias. Unos lo achacaron a que los niños se quedaban dormidos con los biberones de estas sustancias en la boca, otros al exceso de azúcares en la composición, etcétera.

No obstante, el error más grave en relación con estos productos es que se suelen dar para que los niños duerman más, sin mirar primero si ya duermen bien.

Resumen del capítulo 4

- Los métodos para enseñar a dormir a los niños dejándolos solos se empezaron a publicar hacia los años cincuenta del siglo pasado.
- A partir de ahí, numerosos profesionales los han utilizado. Incluso algunos se han adjudicado su autoría mediante pequeños retoques.
- No hay diferencia de éxito entre los métodos que enseñan a dormir a base de dejar llorar mediante una tabla y los que simplemente dejan llorar. Sí la hay entre aplicarlo antes de los 18 meses o después.
- Los métodos de adiestramiento no enseñan a dormir, solamente provocan un *shock* emocional que altera en el menor los niveles de las principales hormonas que regulan nuestras emociones, y además le demuestran que no vale la pena quejarse porque nadie le responderá. Por eso funciona mejor en niños pequeños, ya que son los que tienen más posibilidades de *shock*.
- Las secuelas más importantes de estos métodos a corto, medio y largo plazo son: trastornos de ansiedad, depresiones, indefensión aprendida, trastornos del apego, trauma por estrés agudo y síndrome de estrés postraumático.
- Estas alteraciones son reparables, pero no son reversibles. Puede que no se note, pero nunca será igual.
- Las alteraciones pueden quedar enmascaradas y no salir hasta la vida adulta.
- No deberían usarse los fármacos en los problemas de sueño infantil. Muchas veces se consigue incluso el efecto contrario.

Capítulo 5
Qué podemos hacer

El problema de hacer algo bien a la primera es que nadie se da cuenta de lo difícil que era...

HAMPTON

Si ha llegado hasta aquí es porque su hijo no presenta ninguna parasomnia ni ningún trastorno importante. En los capítulos 2 y 3 le mostrábamos cómo diagnosticarlos (con unos criterios simples) para que ante la duda acudiera a su pediatra, y, en el caso de las parasomnias, además, le dábamos, al final de cada una de ellas, una serie de consejos que se pueden seguir para minimizar el problema.

Su hijo debe ser, como tantos otros, un niño al que le cuesta dormir o que se despierta con frecuencia. ¿Qué se puede hacer?

En principio debería contestarle que NADA, porque el sueño es un proceso evolutivo y su hijo un día u otro dormirá como un angelito y no le quedarán secuelas ni físicas ni mentales, tal y como ya explicábamos en el capítulo 1. Pero como sé que algunos necesitan algo más, vamos a dividir este capítulo en dos partes:

1. En la primera explicaremos una intervención naturalista. Una serie de pautas que siguen muchas culturas actuales en las que prácticamente el insomnio infantil es desconocido, y que nosotros desgraciadamente hemos perdido.

2. En la segunda daremos una serie de consejos y técnicas, siempre respetuosas con los niños y con los padres, que nos han dado muy buenos resultados en la práctica diaria con los padres que acuden a consulta. Es la *guía para padres desesperados*.

Intervención naturalista

¿No será acaso que esta vida moderna está teniendo más de moderna que de vida?

MAFALDA (QUINO)

Muchos de los antropólogos y etnopediatras[1] que han estudiado diferentes sociedades a lo largo y ancho de todo el globo han constatado que existen algunas culturas en donde no existe el insomnio ni la mayoría de los trastornos del sueño que tenemos en nuestra sociedad.

Entre ellas había diferencias en cuanto a las interacciones verbales con el bebé, a la forma de portarlos (aunque siempre junto a la madre), al fomento de sus capacidades motrices o cognitivas, etcétera, pero todas tenían tres puntos en común:

— *Lactancia.*
— *Colecho.*
— *Actitudes responsivas ante el bebé.*

---

[1] Se puede consultar la bibliografía de Liedloff, J. y Small, M. porque se dedican sobre todo a estudiar estilos de crianza, mientras que otros antropólogos se dedican más a la observación de otros aspectos.

Creemos importante, pues, explicar estos tres puntos para ver qué influencia tienen sobre el sueño infantil y para que sirvan de guía.

1. Lactancia

La decisión de amamantar o no al bebé compete básicamente a las madres (haciéndose extensiva a la pareja, si la hay).

Es indiscutible que la lactancia es el mejor alimento para el bebé y, por lo tanto, es lo que vamos a fomentar desde estas páginas. No obstante, si usted es del grupo que ha elegido como opción no dar el pecho, puede seguir leyendo porque hay cosas igualmente aplicables y porque, a lo mejor, puede usted replantearse la posibilidad de volver a lactar.[2] Sea cual sea su opción, todo el mundo debería respetarla.

No pretendemos hacer de estas páginas un manual de lactancia materna[3], sólo haremos referencias a los aspectos de ella referidos al sueño.

La lactancia materna ayuda al bebé de dos formas diferentes: por el continente y por el contenido.

---

[2] Para más información sobre relactación, puede consultar la monografía número 5 de la Asociación Española de Pediatría (AEP): «Lactancia materna: una guía para profesionales» (pp. 329 y ss.) o el documento de la OMS, «Relactation», asequible en internet; también está en castellano.

[3] Pero si quieren alguno les recomendamos los siguientes en lengua española: AEP (2004), «Lactancia materna: una guía para profesionales», Monografía nº 5; González, C. (2004), *Manual práctico de lactancia materna*, ACPAM, Barcelona; Lawrence, R. (1996), *La lactancia materna*, Mosby, Madrid; LLL (2001), *El arte femenino de amamantar*, Pax, México, y Nylander, G. (2004), citado en la bibliografía.

En cuanto al contenido, la propia leche tiene L-triptófano, un aminoácido que ayuda a la conciliación del sueño. No es de extrañar, pues, que tantas mamás expliquen por qué sus niños se duermen rápidamente mientras maman.

Explicábamos en el capítulo anterior que no recomendamos dar L-triptófano en dosis masivas a los niños, por el episodio del síndrome tóxico, cosa que no sucede con el L-triptófano recién salido del pecho de mamá.

Además, en los primeros tres meses la sensación de sueño va ligada muchas veces a la de hartura, con lo cual es importante observar si la lactancia está bien instalada en niños que se sospecha que duermen poco: «El adormecerse está estrechamente ligado a la sensación de saciedad y el despertar a la sensación de hambre. Se ha puesto en relación el estado de sueño de esta época, con la reducción del tono muscular y el estado de saciedad».[4]

Eso no quiere decir que todos los niños que duermen poco lo hagan porque no lactan bien. Esto constituye un error frecuente en muchos profesionales de la salud que, ante un bebé con dificultades para conciliar o mantener el sueño, recomiendan el destete, o dar una ayuda, cuando lo que se debería hacer es comprobar si la lactancia está correctamente instaurada y descartar esta causa. No obstante, y siguiendo a Debré y Doumic (1959), «los niños que se nutren mal, sobre todo los que maman sin vigor, duermen mal».

Si a un bebé se le da alimentación a demanda (tanto si es lactancia materna como artificial) difícilmente va a pasar hambre. Por eso, como ya vimos en el primer capítulo, los prin-

---

[4] Ajuriaguerra, J. (1977), p. 160.

cipales organismos[5] en materia de alimentación infantil recomiendan la alimentación a demanda, ya sea natural o artificial.

Cabe resaltar el desconocimiento de los mecanismos de la lactancia materna que tienen los «autores» de los métodos para enseñar a dormir. Según ellos, el bebé debe comer a un horario fijo dejando intervalos que van desde las tres a las cuatro, o, ¡incluso a las cinco horas!, dependiendo del «experto» en cuestión.

También, según ellos, los niños no deben comer de noche, cuando sabemos que la demanda rige durante todas las horas del día. Otros explican que el problema es que asocian la noche con el comer. Pues yo también, porque en cuanto se hace de noche me entran ganas de cenar. ¿Tendré malos hábitos?

Para estar seguros de que los niños no necesitan comer por la noche aducen lo siguiente: «Una prueba irrefutable de que el bebé está siendo sobrealimentado por la noche es que, durante los estados de vigilia, sus pañales acostumbren a estar mojados».[6]

Por lo tanto, si su hijo, o usted mismo, son de los que todavía tienen necesidad de hacer pipí durante el día, es una prueba irrefutable de que están siendo sobrealimentados. Hasta que no saquen ni una gota, no se les ocurra comer más.

Total, que entre que los niños no deben comer de noche, y que deben estar sin luz, una no sabe si estos libros son para enseñar a dormir a los niños o instrucciones para criar gremlins.

En cuanto al continente, el pecho tiene, asimismo, un efecto relajante sobre el bebé. Por una parte, como simple objeto

---

[5] OMS (Organización Mundial de la Salud), UNICEF (Fondo de las Naciones Unidas para la Infancia), ESPGAN (Sociedad Europea de Gastroenterología y Nutrición Pediatricas), AAP (Academia Americana de Pediatría), AEP (Asociación Española de Pediatría).

[6] Ferber, R. (1993), p. 99.

susceptible de ser chupado (recordemos cómo los bebés utilizan la succión para todo, entre otras cosas para calmarse y consolarse). En ese estado (relajado, calmado, consolado), el sueño sobreviene con más facilidad. Fíjense si relaja la succión que la industria de artilugios infantiles ha creado el chupete: burda imitación en silicona de un pezón materno.

Por otra parte, el contacto piel con piel que se establece con la lactancia, esa posibilidad de escuchar los latidos del corazón de mamá, de notar su olor y su cercanía, también propicia el sueño y la relajación.

La succión del pecho cansa más. Así, Debré y Doumic[7] comprobaron que los niños que succionaban un biberón no dormían tanto como aquellos que tenían una lactancia bien establecida. Y Lévy[8] acabó de demostrar esto mediante unos perritos: aquellos que succionaban del biberón con el orificio más grande dormían menos que los que lo hacían con el orificio más pequeño.

Hay un cuarto punto que debemos tener en cuenta: al lactar se estimulan los niveles de prolactina en la madre. La prolactina, además de ser una hormona que ayuda a «fabricar» la leche, es una hormona que nos ayuda a conciliar con mucha facilidad el sueño (por eso, en la mayoría de adultos, hay un incremento de prolactina por la noche). ¿Piensan que la naturaleza nos daría hijos que necesitasen despertarse frecuentemente por la noche y no nos daría un mecanismo para conciliar el sueño rápidamente? Las madres lactantes están protegidas, no para no despertarse, sino para que, una vez despiertas, se vuelvan a dormir con facilidad.

---

[7] Debré, R. y Doumic, A. (1959), citado en Ajuriaguerra, J. (1977), p. 160.

[8] Citado en Ajuriaguerra, J. (1977).

2. Colecho

Papás,
me sacasteis de vuestra habitación.
No tengo ni tres meses, con perdón.
Os habéis tenido que comprar
ese aparato para escuchar.
Cuando lloro por las noches,
os tenéis que levantar.
Cuando tengo que mamar,
os habéis de trasladar.
Papás,
en mi opinión,
¿no sería solución
ahorrarse el trayecto
y escucharme en directo?

M. A. CLARAMUNT[9]

Cuando nacemos no empieza todo. El bebé lleva meses inmerso en un estado que va de la vigilia al sueño (tanto lento como REM) y en un lugar en donde todas sus expectativas se encuentran satisfechas.

Llega al mundo incapaz de sobrevivir por sí solo y ésa es la prioridad para sus primeros meses. Por ello intentará, con todas sus fuerzas, procurarse a su lado un cuidador. Nada le frenará en ese objetivo, pues de ello depende su vida.

La madre naturaleza, no en vano lleva ese nombre, le ayuda en ese sentido y lo dota de armas poderosas:

---

9 Claramunt, M. A. (2005), *Pequeñas delicias*, Milenium, Lleida.

- *El llanto*, un sistema de comunicación inmejorable que alerta a los padres más despreocupados.
- *Los reflejos*, mientras no llegan los comportamientos aprendidos, tiene un repertorio de respuestas innatas que le ayudarán en su supervivencia: el reflejo de succión para alimentarse y calmarse, el de moro para evitar caídas, el de los cuatro puntos cardinales para buscar el pezón, etcétera.
- *El sueño infantil*, que como ya saben es diferente al del adulto. Es un sueño con una gran parte de sueño REM para integrar los aprendizajes, estimularse, etcétera, con ciclos cortos para despertarse frecuentemente y evitar hipoglucemias al comer a menudo, y polisecuencial para tener vigilancia perpetua.

Con estas armas y en brazos de mamá[10] tiene todo lo que necesita.

Salvador Moyá[11] explica cómo hay dos estrategias básicas para reproducirse en el mundo. Por un lado, la que utilizan algunos animales, como los peces, que, a falta de dedicar grandes cuidados a sus crías, lo que hacen es traer al mundo una cantidad ingente de descendientes esperando que algunos sobrevivan. La otra estrategia es la de los mamíferos, que lejos de traer un montón de hijos al mundo y que sea lo que Dios quiera, tienen pocos hijos (a veces sólo uno) pero los siguen protegiendo una vez nacidos, porque es una etapa de especial vulnerabilidad. Así, en sus propias palabras:

---

10 En ningún momento menospreciamos los brazos de papá. ¡Afortunado el niño que también los disfrute!

11 Corbella J., Carbonell E., Moyá S. y Sala R. (2000), pp. 19-20.

> «Una vez han nacido (las crías) las siguen protegiendo, las amamantan, las esconden de los depredadores, les dan una educación. El ejemplo extremo de esta estrategia es quizá la de los orangutanes, que tienen una sola cría cada siete años, pero que dedican un enorme esfuerzo a cuidarla.»

Nosotros, como mamíferos, pertenecemos al segundo grupo. Y nadie ha dicho que estos cuidados sólo deban darse de día. Para asegurarse estos cuidados tanto de día como de noche es por lo que los mamíferos suelen desplazarse en manadas y duermen juntos.

En la mayor parte de las culturas es así, de hecho actualmente en la mayor parte del mundo (excepto lo que sería Europa y América del Norte: Estados Unidos y Canadá) los niños duermen con sus madres.[12] Incluso en el modernísimo Japón actual, el compartir la cama y la habitación se hace desde siempre como algo habitual, y no por ello tienen más insomnio. Incluso nosotros mismos, décadas atrás, también dormíamos juntos, no hay más que preguntar a las bisabuelas (si las tienen).

> «Una vez más, los "expertos" han declarado que sólo existe un método satisfactorio de criar a los hijos y, a consecuencia de ello, han provocado intensas dudas y preocupaciones en aquellos padres que desean hacerlo de otro modo.»[13]

---

[12] Decimos madres puesto que hay muchas sociedades polígamas en que el marido no duerme con todas las esposas ni con todos los hijos.

[13] Haslam, D. (1985), p. 130.

Colecho significa estrictamente «compartir la misma cama» y *cohabitación* supone compartir la misma habitación, aunque en diferentes camas.

Varios organismos oficiales[14] recomiendan la cohabitación cuando nace un bebé y el colecho cuando se cumplen unas simples garantías (al igual que pedimos garantías a las cunas o a cualquier cosa relacionada con los bebés). En el caso del colecho, son las normales para todo bebé (no dormir cabeza abajo, medidas de seguridad e higiene de la habitación, no poner excesivos ambientadores, colonias, repelentes de insectos, etcétera, que puedan atudirle o irritarle) más las siguientes:

- El colchón debe ser lo suficientemente duro como para que el niño no quede atrapado. Tampoco se deben usar colchones de agua ni sofás, ni inventos en los que el bebé pueda quedar entre el colchón y la pared.
- Las sábanas no deben tener lazos o cintas que puedan rodear al bebé, ni cojines mullidos.
- No taparle mucho, los padres ya lo calientan con su cuerpo.
- Los padres no deben ser fumadores habituales. Ni se puede fumar en la habitación del niño.
- Los padres no pueden estar bajo el efecto de ninguna droga, alcohol ni nada que pueda impedirles atender al niño con prontitud.
- Los padres no pueden padecer obesidad mórbida (¡tranquilos!, no hace falta que seáis *top-models*, la obe-

---

[14] OMS *Pruebas científicas de los 10 pasos de una feliz lactancia natural,* UNICEF, Asociación Española de Pediatría (AEP) monografía nº 5, Asociación contra la Muerte Súbita del Reino Unido *(www.sids.org.uk/fsid).*

sidad mórbida es aquella que incapacita para darse la vuelta o moverse con soltura en la cama).

¿Nada más? Pues sí, nada más. Meredith Small es bastante clarificadora al respecto:

> «En una atmósfera saludable, en la que los padres no estén intoxicados ni drogados y no sean obesos, la posibilidad de matar a un niño por sofocación es igual a cero.»[15]

¿Y no querrá dormir siempre con nosotros? Pues no. En una encuesta que realizamos en el año 2004 en Barcelona a un grupo de madres[16], seleccionamos a las que dormían con sus bebés de forma voluntaria y habitual. Es decir, que tomaron la iniciativa de dormir con el bebé libremente desde un comienzo y que le permitían dormir con ellos hasta que el niño quisiera.[17] Resultados: la mayoría ya no dormía con ellos entre los 3 y 4 años. Ninguna de las que tenía hijos mayores de 6 años confesó que el niño durmiera ahora habitualmente con ellas (aunque en ocasiones como enfermedades alguno aún pedía dormir con sus padres), y ninguno de ellos lo hacía pasada esa edad.

---

15 Small, M. (1999), p. 155.

16 Encuesta sobre trastornos del sueño realizada a cien madres asistentes a un curso de capacitación en lactancia (fedecata). Sólo tiene valor indicativo.

17 Evidentemente había madres que, aunque hubieran practicado colecho, habían logrado que sus hijos durmieran solos a base de intentarlo en varias ocasiones. En este caso sólo explicamos aquellas madres que no lo hicieron y dejaron elegir al niño libremente hasta cuándo quería dormir acompañado de sus padres.

Y el colecho, ¿cómo mejora el sueño infantil?

No es nuestro objetivo explicar todas las ventajas del colecho, solamente aquellas referidas al sueño:[18]

1. El colecho minimiza los riesgos de síndrome de muerte súbita del lactante (SMSL) si se practica de forma segura (McKenna, J. J. y Mosko, S. S., 1994). Es cierto que se han dado casos de SMSL durmiendo con los padres, al igual que se dan en niños que duermen solos. Pero normalmente se dan en familias en las que lo de menos es dormir con los padres, sino en las que la higiene y el hacinamiento no son muy adecuados para un niño.[19]
2. El colecho ayuda al bebé a «aprender» a pasar de una fase a otra del sueño porque se sincroniza con la respiración de su madre. (McKenna, J. J. y Mosko, S. S., 1994). La respiración de la madre también le sirve de

[18] Entre las muchas ventajas que no atañen sólo al sueño podemos citar a Seligman, M. (2003), *La auténtica felicidad,* Vergara, en donde propone como técnicas para incrementar las emociones positivas de los hijos el acostarse con ellos y el realizar una serie de actividades antes de ir a la cama conjuntamente.

[19] En un estudio reciente, Barclay, L. y Vega, C. (2005), «Bedsharing may increase risck of sids for infants younger than 11 weeks», *Journal of Pediatrics*, julio, p. 12, la mayoría de fallecimientos fueron al dormir en el sofá con un adulto. Primera pregunta: «¿Quién dice que estos niños dormían habitualmente con sus padres?». A lo mejor dormían en sus cunas, pero aquel día lo hicieron en un sofá. De hecho, en el estudio ya se dice que de 123 casos sólo el 11% dormían habitualmente con los padres. Y segunda: ¿el sofá está permitido en un colecho seguro? No. Por lo tanto no podemos achacar estas muertes al colecho propiamente, si no a una imprudencia.

recordatorio para que continúe respirando si tiene una apnea.

3. El colecho favorece que la madre pueda continuar durmiendo mientras alimenta a su hijo de noche.
4. El colecho favorece que el bebé y la madre apenas se despierten al reclamar el alimento.
5. El colecho favorece la regulación de la temperatura corporal por la noche. Los bebés cuando nacen no regulan su temperatura corporal. Por el día, sus padres les visten según el clima, pero por la noche, el calor de sus padres les mantienen estables. Por eso no es conveniente tapar excesivamente al bebé que duerme acompañado.

Según el doctor Haslam (1985), el colecho es una manera eficaz para solucionar los trastornos del sueño:

> «De todas las cartas que recibí, las de los padres que contaban el éxito obtenido al utilizar esta práctica superaban en cantidad a las de aquellos que solucionaron los trastornos del sueño de sus hijos a través de otras tácticas.»

Veamos otra opinión sobre las bondades del colecho:

> «Diría que el colecho es una herramienta terapéutica muy reparadora, y que sospecho que en años venideros se descubrirán, probablemente, mecanismos neurológicos que demuestran que el contacto piel con piel incluso en niños mayorcitos o en adultos tiene un gran potencial terapéutico. Yo he empezado recientemente a "prescribir" el colecho. Hasta ahora lo

que hacía era que, cuando muchos padres o madres me contaban que dormían con sus hijos, les decía que me parecía bien, pero ahora he dado un paso más: y es que con niños que han sido víctimas de violencia o han presenciado mucha violencia les recomiendo a las madres que duerman con ellos y las madres expresan una notable mejoría en la relación con sus hijos y una disminución de los síntomas de los niños que motivan las consultas» (Ibone Olza, psiquiatra infantil).

¿Por qué funciona tan bien el dormir con los niños?

Los niños necesitan permanentemente a su cuidador cerca. Vienen dotados para registrar la más mínima señal de que no está y poder llamarle. ¿Han notado que si intentan dejar a su hijo en la cuna se despierta antes que si duerme en sus brazos? Desde antiguo, las madres se dieron cuenta de ello y, por eso, en la historia de la humanidad, comprobará cómo los niños han sido (y en algunos lugares aún son) portados atados al cuerpo de su madre.

Puede que en algún museo encuentre biberones etruscos, chupetes fenicios, pañales romanos y baberos egipcios, lo que seguro que no encontrará nunca es un cochecito para pasear a los niños (y eso que la rueda y el carro son inventos arcaicos). A nadie se le ocurrió desplazar a un niño lejos del cuerpo de su madre.[20]

Este «radar» que tienen para sentir cuándo hay alguien cerca y cuándo no, es malinterpretado como que nos toman el

---

[20] De hecho, los ¡kung san del desierto del Kalahari sólo necesitaban una piel de animal para llevar al bebé a cuestas cuando éste nacía. Y, tradicionalmente, en China, el regalo más preciado para una nueva madre era el *Mei Tai*, un artilugio bordado finamente para llevar al niño a la espalda mientras trabajaba.

pelo o que se han viciado. Nada de eso. Los mamíferos sufren una alteración hormonal a nivel de neurotransmisores que les altera funciones vitales; eso les hace sentir mal y reclamar a sus progenitores.

Hay muchos estudios, pero el de M. A. Hofer[21] es muy explícito:

> «[El dr. Hofer] estudiaba la fisiología de los bebés ratas cuando una mañana se dio cuenta de que una de las mamás ratas había abandonado su jaula *durante la noche*. Las ratitas abandonadas a su suerte presentaban un ritmo cardíaco dos veces inferior a lo normal. Hofer primero pensó que se debía a la falta de calor. Para verificar su hipótesis desarrolló un aparatito calefactor en un calcetín y lo colocó en medio de los ratoncitos sin pelo. Con gran sorpresa por su parte, eso no cambió nada. De experimento en experimento, Hofer pudo demostrar que el ritmo cardíaco no sólo estaba vinculado a la presencia reguladora de la madre [...], sino más de quince funciones fisiológicas, entre ellas los periodos de sueño y despertar nocturno, la tensión arterial, la temperatura del cuerpo, e incluso la actividad de células inmunitarias como los linfocitos B y T, defensores del organismo de toda infección».

Por eso, al igual que los ratoncitos del estudio, nuestros hijos se encuentran tan bien si no nos separamos de ellos por la noche. De este modo, según A. Freud:

---

21 Hofer, M. A. (1987), citado en Servan-Schreiber (2003), pp.185-187.

> «Mantener un contacto íntimo y cálido con el cuerpo de otra persona mientras se concilia el sueño es una necesidad primigenia y connatural a todo niño... La necesidad biológica del lactante de la presencia constante del adulto que lo cuida, ha sido completamente ignorada en la cultura occidental donde se expone a los bebés a largas horas de soledad, debido a la idea errónea de que es más saludable que los pequeños duerman... solos.»

3. Actitudes responsivas[22] ante el bebé

Cuando un bebé llega a este mundo su premisa principal es sobrevivir. Si se encuentra acompañado y sus necesidades satisfechas será un bebé más tranquilo (y la madre también). Así:

> «La exposición temprana a un estrés prolongado (por lo general la separación de la madre) conduce a respuestas exageradas al estrés (Anisman, Zaharia, Meaney y Merali, 1998; Liu *et al.*, 1997). [...] Se trata de un proceso muy estresante no sólo para las crías, sino también para las madres.»[23]

Esta tranquilidad ayuda a conciliar mejor el sueño debido a una confianza y serenidad que le es transmitida. Y no sólo eso,

---

[22] Se dice que una madre es responsiva cuando atiende con premura a las necesidades de su bebé. Las actitudes responsivas hacen referencia a esta forma de actuar.

[23] Taylor, S. E. (2002), p. 249.

sino que, como observábamos en los ratoncitos de Hofer, el hecho de que un bebé esté estresado puede alterarle los periodos de sueño y los despertares.

En cambio, el estado amoroso aumenta el sueño REM: se sabe que el aumento de este tipo de sueño facilita los procesos de aprendizaje.

Según Boris Cyrulnik,[24] en las primeras etapas de nuestra vida «la adquisición de la ritmicidad depende del encuentro entre un organizador interno (la necesidad de apego) y un organizador externo (el objeto de apego: primero sensorial, después afectivo y más tarde social)».

Es decir, que la necesidad de apego que tienen los niños, debe encontrar un objeto de apego (la madre) y así se establece un vínculo. Cuando ese vínculo se establece, la ansiedad en el niño se diluye con más facilidad. Sin ansiedad ni estrés llegan conductas más pausadas y rítmicas. El cerebro, libre de alertas que se disparan por no tener cubierta su necesidad de apego, puede concentrarse en organizarse, en nuevos aprendizajes y en una regulación y ritmicidad.

Es importante, pues, que se establezca una correcta vinculación madre-hijo para que pueda darse con más facilidad una ritmicidad. Y la correcta vinculación, como ya demostró Mary Ainsworth, sólo se da en madres[25] responsivas.

El problema radica frecuentemente en que es tan sólo uno de los progenitores (estadísticamente, la madre) el que se encarga de cuidar al bebé, lo que puede llegar a ser pesado en algunos momentos, provocando en el cuidador sentimientos de rechazo hacia el niño (querer separarse del bebé). Pero como

24 Cyrulnik, B. (2005), p. 249.

25 Ainsworth sólo hizo su estudio en madres.

dice Boris Cyrulnik: «El problema está justamente ahí: ¿es normal que una madre esté sola con su bebé?».[26]

Los hombres somos seres sociales y hacemos vida en comunidad. En la mayoría de culturas así es desde que nacemos. Sin embargo, los niños son «excluidos e invisibles»[27] a los ojos de nuestra sociedad.

¿Cuántas veces han visto a un bebé de 6 meses acompañar a sus padres al cine? ¿Han intentado entrar en una conferencia universitaria con un bebé sin recibir una mirada de desaprobación? Los niños son excluidos de la vida social y académica de nuestra comunidad. Parece que esté prohibido llevarlos a según qué sitios y se ha establecido que si, sus padres van, lo normal es dejarlos con alguien que los cuide. El problema surge cuando sus padres deciden que quieren cuidarlos ellos y ven cómo sus actividades sociales quedan restringidas.

Los niños son seres humanos como los adultos o los ancianos. ¿Criticaría alguien el que usted llevara a un abuelo con alzheimer[28] al cine o a una conferencia? Pues seguramente menos que si se lleva a su hijo, y eso que aún no estamos suficientemente concienciados con esta enfermedad.

Unos padres cansados por la dedicación plena que necesita su hijo, sin posibilidad de redes sociales que les ayuden (a lo

---

[26] Cyrulnik, B. (2002), p. 108.

[27] Con estos adjetivos, UNICEF presentó *El estado mundial de la infancia*, 2006. Me pareció que definían muy bien la situación de muchos menores en la sociedad; por ello los cito tal cual.

[28] Hemos elegido esta patología porque muchas veces el alzheimer también causa en los ancianos exclusión social. A pesar de que ellos no puedan recordar o aprender, son miembros de nuestra sociedad y como tal deberíamos de normalizar su aparición en cualquier ámbito de nuestra comunidad.

máximo canguros y abuelos) y mermada su vida social, se convertirán en unos padres menos responsivos. Por eso, la crianza de los hijos pasa muchas veces por una adecuada conciliación de la vida social y laboral de los padres.

Llegados a este punto, los padres intentan buscar recursos que les ahorren trabajo y a los que la industria se ha encargado de dar un halo de modernidad y ciencia.

¿Se han fijado en la cantidad de objetos y sustancias que comercializa la industria del sueño infantil? Si los analiza detenidamente verá cómo son meros sustitutos de la madre, eso sí, en porciones, de plástico y ¡a unos precios!

Repasemos:

- Tetinas, chupetes, biberones... como sustitutos del pecho materno y de la lactancia.
- Cochecitos, hamaquitas, cunitas... en lugar del regazo y los brazos.
- Reproductores de los latidos del corazón e incluso de los sonidos del útero.
- Ositos, peluches y muñecos para sentirse acompañados.

Vaya, que si no fuera porque una madre no tiene precio ¡hasta podríamos calcular su valor de cotización en el mercado actual! Bastaría sumar el precio de estos artilugios.

Si estas cosas funcionan... ¿por qué no usar el original en lugar de una copia?

Responda a las señales de su bebé tanto de día como de noche y él, a cambio, le regalará con días y noches más apacibles.

Guía para padres desesperados

Sabía que habría noches como ésta, pero no que habría tantas.

ROSA M., UNA MAMÁ

Si al ver el título de este capítulo ustedes creen que soy partidaria de buscar métodos para enseñar a dormir a los niños se equivocan. Estoy firmemente convencida de que todo niño sano nace sabiendo dormir y que, tarde o temprano, agotará todas las etapas evolutivas del sueño hasta normalizarlo.

Pero puede que usted quiera adelantar ese momento, o que para usted la intervención naturalista no sea posible, porque la lactancia quedó atrás hace tiempo y el colecho sea imposible en su dinámica familiar. Teniendo esto en cuenta, vamos a dar algunas sugerencias que suelen funcionar.

Eso sí, sólo son a partir de los 6 meses, cuando empiezan la alimentación complementaria, porque recordemos que mientras son lactantes exclusivamente (tanto de leche materna como artificial) el niño va a demanda y eso hay que respetarlo.

Y también porque hay que respetar la evolución normal del sueño infantil, muy especialmente en los primeros meses. El sueño infantil es capaz de autorregularse para que el niño se adapte a cualquier circunstancia: nazca en invierno o verano, en el polo o en el ecuador, de ahí que el ritmo circadiano lo vayamos adquiriendo poco a poco. Si el no tener ritmo circadiano fuera una conducta desadaptativa, a estas alturas, la evolución ya lo habría solucionado.

A partir de los primeros 6 meses podemos probar si, mediante algunas técnicas, es posible acelerar un poco el proceso. A modo de símil es como si habláramos de andar. Todo niño sano andará algún día. Si usted quiere que ande antes siempre puede recurrir a la estimulación temprana. Pero nadie le asegurará que ande en una fecha determinada, porque hay niños más susceptibles que otros a la estimulación.

Como son consejos generales (muchos ya han sido expuestos a lo largo del libro) intentaremos pautarlos para que sean de más fácil seguimiento:

Paso 1. Expectativas reales

En primer lugar usted *debe ser realista* en cuanto al número de horas que puede dormir su hijo y a las interrupciones que puede hacer. No espere que un niño de 5 años duerma 14 horas, por mucho que lo hiciera antes o que deje de despertarse pasados los 7 meses como si fuera un milagro. Lea con detenimiento los capítulos 1 y 2 y establezca qué puede esperar de su bebé. Apúntelo en la ficha de evaluación que se le facilita al final de este capítulo.

Paso 2. Registro de sueño

En segundo lugar, rellene un registro de sueño. Encontrará uno en la misma ficha de evaluación. Muchas veces, las percepciones de los padres no se ajustan a la realidad, aunque usted se jugaría algo por lo convencido que está. En este sentido, en el estudio de Milberg y Gerold (2001) se cita:

> «El promedio de despertares semanales referidos por interrogatorio fue de 25,7, mientras que los registrados en los diarios de sueño fueron 14,8.»

Haslam (1985) también lo constata así y en nuestra práctica diaria lo vemos con relativa frecuencia.

Paso 3. Alteraciones y trastornos

Mire el registro y se dará cuenta de cómo duerme su hijo. Intente averiguar si *tiene alguna patología* que le provoque esa conducta. En general, ante un niño que se despierte frecuentemente, debemos descartar apneas, terrores nocturnos, pesadillas, y otras alteraciones médicas tan frecuentes en los niños como la otitis.

Ante un niño que no se duerma solo, o que le cueste dormir, debería mirar primero si tiene sueño (es imposible dormir sin él) y segundo que no tenga demasiado (los niños se alteran mucho cuando pasa su hora y les cuesta más dormir). Esté atento a las señales de su hijo cuando empiece a tener sueño y acuéstelo. Esto le evitará una alteración de fase y a partir de ahí podrá modificarlo poco a poco, si no es el horario que a usted le va mejor.

Paso 4. Ritmo circadiano

Los niños no pueden dormir más horas de las que duermen. Así que si su hijo hace un número excesivo de siestas no dormirá tanto por la noche. Si su niño duerme demasiadas horas durante el día, a partir de los cuatro meses se puede intentar que la mayor parte del sueño diurno se vaya transformando en nocturno. Es decir, podemos intentar que duerma más horas de noche y menos horas durante el día. ¿Cómo hacerlo? Pues lo primero es establecer si su hijo se acuesta y se levanta del sueño nocturno a la misma hora cada día (punto 4.2) o si no lo hace así (punto 4.1). No hace falta que seamos muy estrictos, podemos tolerar variaciones de hasta una hora en el registro.

4. 1. Mire el registro. ¿Su hijo *NO se acuesta y se levanta a la misma hora*? Puede que tenga un retraso o adelanto de fase y que lo estemos entorpeciendo acostándolo cuando nosotros creamos conveniente. Intente ver en qué momento empieza el más leve indicio de sueño en su hijo y acuéstelo (mire las cosas que pueden ayudarle en el paso 10). Si en pocos días sigue más o menos un horario actúe como en el punto siguiente. Si no, será un poco más pesado pero es cuestión de buscar un horario acorde con su edad e intentar entre todos acomodarnos al mismo. Los niños son adaptables, aunque cada uno a un ritmo diferente. Entonces, siga los pasos del punto siguiente.

4. 2. ¿Su hijo se acuesta y se levanta más o menos a la misma hora? Si es así, vamos a empezar respetando esas horas, ya que es importante hacerlo.

Empiece mirando la hora en que su hijo tiene sueño por la noche y entonces acuéstelo lo antes posible (utilice alguno de los trucos del paso 8). Por la mañana, si algún día no se despierta a su hora habitual, puede despertarlo con música o luz, siempre algo suave que no le moleste.

A partir de este momento vamos a intentar que el sueño diurno se reduzca en favor de un sueño nocturno más largo. Para ello vamos a fijarnos en las siestas: generalmente a partir de los seis meses necesitan sólo dos siestas, y a partir del año una única siesta. (Puede consultar las tablas del capítulo 2 para saber lo que es más frecuente a su edad.) Se trata de agrupar los periodos de sueño diurno en estas siestas.

También debe intentar que el horario de las siestas sea el más adecuado. Tanto si hace una como dos siestas, intente repartirlas «equitativamente» a lo largo del día, de manera que disten tanto de la hora de levantarse como de la de acostarse, así como entre ellas (si hay dos).

Paso 5. ¿Qué puedo hacer por mi hijo?

Ya hemos explicado cómo hay ciertas cosas que pueden alterar a un niño (y a un adulto) y que le impiden dormir. ¿Hay malestar en casa? ¿Llegamos de trabajar justo a la hora en que el niño manifiesta sueño? ¿Cuánto tiempo pasamos al día con nuestro hijo? No basta con diez minutos, por mucho amor que le dé en esos diez minutos. Hay gente que le hablará de tiempo de cantidad y de tiempo de calidad, y le dirá que lo mejor es el segundo. Pues no. Primero, porque todo el tiempo que unos padres dediquen a su hijo es de calidad (siempre es mejor que estén los padres a que no estén), aunque en ese momento interaccionen poco con él. Y segundo porque, en niños muy pequeños, lo que quieren solamente es que sus padres estén ahí, que puedan notar su presencia. Por eso, en muchas sociedades, los niños son portados por sus madres (atados a sus cuerpos) y así van todo el día aunque no interaccionen con él, porque lo único que el niño quiere es notar a su cuidador cerca.

Eso será un buen aprendizaje para el niño cuando crezca. No sólo sabrá interactuar con sus amigos, su pareja o su familia, sino que sabrá estar con ellos aunque no hagan nada especial. Aprenderá que se puede estar al lado de las personas a las que se quiere disfrutando sólo de su presencia, sabiendo que están cerca o que están «en casa».

Las prisas y los niños son una mala combinación. Si usted tiene poco tiempo para acostar a su hijo y va con prisas, él lo notará y le costará más relajarse y dormir.

¿Ha pensado usted que quizás no es más que un problema de sincronía? Mire el horario que sigue el bebé. A lo mejor intentamos que se adapte al nuestro en lugar de que siga el que le toca por edad.

Sea lo que sea, intente analizar qué condiciones puede usted mejorar para que su hijo duerma más fácilmente.

Paso 6. ¿Somos consecuentes?

Si usted va a intentar que su hijo siga un horario (adecuado a la edad del niño) piense que *habrá que hacerlo cada día*: no vale hoy una cosa y mañana otra, porque si no el niño seguirá haciendo lo que hacía. Piense que la repetición es una forma de aprendizaje. Aparte, dele tiempo. Por mucho que repita una cosa, hay niños que lo pillan antes y otros más tarde. Cuando evalúe los progresos del niño, evalúe si las personas que cuidan de él han cumplido con su parte.

Paso 7. La sincronía

Ya podemos evaluar si el bebé está en sincronía con el horario pactado. ¿Se acuerdan de que les dije que esto sólo lo hacía para mejorar la situación de los padres? En ningún momento he dicho que los niños deban sincronizarse, ya que con el tiempo acabarán haciéndolo solos. Pero como son técnicas respetuosas con los niños y que suelen funcionar, prueben a ver si se sincronizan antes.

Si a su hijo le está costando esa sincronía, pero ha hecho

algunos progresos evidentes, puede pasar a los siguientes pasos sin perder de vista los anteriores.

Paso 8. El ambiente

Una vez en sincronía (o con mejoras evidentes en este aspecto) vamos a intentar que se duerma rápidamente. Es la *conciliación del sueño*. Se considera normal hasta 15 minutos para conciliar el sueño. Si su hijo ya lo hace puede pasar a otro punto o revisar éste a ver si puede reducir este tiempo.

Para que un niño pueda conciliar el sueño con más facilidad *revise el ambiente*: todo debe llamar al sueño. Intente que el nivel luminoso no sea muy alto (busque luces tenues), que el ruido esté bajo de decibelios (no es la hora de escuchar rock) y que la actividad de las personas de la casa sea relajada.

Este punto es difícil puesto que la mayoría de los adultos, en cuanto llegamos a casa por la noche, tenemos gran cantidad de cosas que hacer y coinciden con el momento de acostar a los niños.

También debemos vigilar la temperatura. Un exceso de calor dificulta la conciliación del sueño.

Paso 9. Dormir es agradable

Con los niveles ambientales bajos busque algo que le guste a su hijo para dormir (mecerlo, darle el pecho, cantarle, contarle un cuento) y hágalo con tranquilidad. Lo único que pretendemos es que el niño *vea el momento de dormir como algo agradable*. ¡Hágaselo agradable! Pero también busque algo que sea agradable para usted. Si su hijo tiene dos años, el mecerlo en brazos puede resultar pesado para usted. Cámbiele poco a poco esta forma de relajarse por otra. Si es mayor de dos años utilice el lenguaje, pregúntele qué quiere, explíquele por qué a usted no le va bien y pacten otra cosa.

En los pequeños, como no hablan, deberá modificar esa actividad poco a poco.

Paso 10. Técnicas adecuadas

No todas las técnicas funcionan a la misma edad: puede contarle un cuento antes de acostar a su recién nacido (y seguro que le gusta), pero no es una técnica efectiva para dormirle a tan corta edad, lo es mucho más el acunamiento. Mire la edad de su bebé y elija.

A modo de ejemplo, les diremos que en los niños pequeños suele funcionar todo aquello que le recuerde el útero materno (tenerlo en los brazos, envolverlo firmemente en una tela, mecerlo, cantarle, hacerle compañía...), por ello también funcionan algunos artilugios de la industria moderna que nombrábamos anteriormente. Se supone que los humanos, por el hecho de andar erguidos y tener un cerebro más grande que nuestros antepasados, nacemos unos tres meses antes. Esa expulsión prematura del bebé hace que necesite, sobre todo durante el primer trimestre (e incluso hasta el segundo), como una continuidad del útero en donde estaba. Cualquier cosa que le recuerde ese lugar servirá para que se sienta bien.

Una vez que pasa este periodo (tercer trimestre hasta el año y medio) necesita sentirse seguro y relajado. ¿Recuerdan la etapa de la angustia de separación? No es un buen momento para introducir cambios bruscos en el niño (comienzo de la guardería, cambio de habitación…). La compañía, seguida de un rítmico balanceo o canto, es lo más frecuente en la mayor parte de sociedades a estas edades.

A partir de los dos años, normalmente sólo necesita compañía de sus seres más queridos. Y seguramente los balanceos y cantos se habrán terminado. A partir de los tres años esta compañía no tendrá que ser limitada a los cuidadores más cercanos, sino que podrá ser de un hermano. Las camas de hermanos funcionan muy bien en este periodo. Si tienen un hijo mayor, póngalo a dormir con el pequeño en la misma cama (si ésta es grande) o juntando dos camas o dos colchones si éstas son pequeñas.

A partir de los cuatro o cinco años podrán dormir separados (aunque mejor si comparten la habitación con alguien, como habitaciones de hermanos, etc.) y sólo necesitarán un cuento para dormir. Estas técnicas son orientativas según la edad del niño. Usted, adáptelas al suyo. Nadie mejor que usted sabe lo que a su bebé le relaja más.

Paso 11. Evaluar los despertares

Con el niño durmiéndose más rápidamente, podemos pasar a *los despertares*.

Muchos padres cuentan de sus hijos que, apenas los dejan en la cama, se despiertan. Eso es así por dos razones: la primera es por la vigilancia ¿Se acuerdan de las ratitas de Hofer? En cuanto notan que alguien no está se alteran sus funciones vitales y surge la alarma que les permite sobrevivir. Evidentemente, a los 5 años esto ya no pasa, sino que sucede con mayor frecuencia en niños muy pequeños (menores de un año).

La segunda razón se da porque, al conciliar el sueño (niños mayores de 7 meses), primero pasamos por fases muy ligeras de sueño, en las que nos podemos despertar fácilmente. Por eso notan los cambios cuando los dejamos en la cuna. Así que, o nos esperamos a que estén en fase profunda o los acostamos en sitios donde noten los menores cambios. Los niños son seres sociales, a veces duermen mejor en medio del ruido de las actividades normales de la casa que alejados en otra habitación.[29]

También hemos de recordar los despertares fisiológicos: aquellos que todos tenemos cada noche (unos nueve). Poco a poco irán aprendiendo a controlarlos.

Intente evaluar cuál de estos despertares presenta su hijo. A veces el hecho de dejarlo dormir cerca de donde transcurre la vida de la familia es bastante, mientras que, en otros casos, habremos de esperar a que esté más profundamente dormido. En el caso de los despertares fisiológicos, esperar a que aprenda o intentar minimizarlos con los consejos del paso 12.

Paso 12. Atención nocturna

Cuando el niño se despierte, atiéndalo pronto.[30] ¿Se acuerdan de cómo ayuda a sentirse seguro el tener a alguien que nos res-

---

[29] McKenna recomienda poner el intercomunicador al revés, para que el bebé escuche los «ruidos de la casa» y se sienta acompañado, aunque no será el mejor momento para pasar la aspiradora.

[30] Habrá oído que cuando un bebé parece que se despierta por la noche no debe correr a atenderle, para darle la oportunidad de continuar durmiendo.

Eso es cierto, precisamente porque el bebé «parece que se despierta» es decir, que no está despierto: por ejemplo, hay niños que en medio de una fase profunda de sueño se mueven o hablan, pero están dormidos. Si vamos a cogerlos prontamente podemos provocar que se despierten, cuando seguramente continuarían dormidos.

Si en el momento en que el bebé empieza a moverse, usted sabe diferenciar cuándo continúa dormido o cuándo se va a despertar, puede actuar rápidamente o no, según la situación. Pero si duda, o no sabe diferenciar, mejor atiéndalo prontamente.

ponda? Dormir y seguridad van de la mano: el niño para dormir necesita estar seguro. El rechazo a dormir se da porque hay una interrupción de sus actividades y una separación de sus padres, que aunque no sea física (porque hay padres que duermen con sus hijos), ellos intuyen que hay un periodo de tiempo que no controlan.

— *Si su hijo se despierta por la noche y no es lactante*, repita la rutina de inducción al sueño que tan buenos resultados le ha dado en el paso 10.
— *Si su hijo se despierta por la noche y es lactante*, dele el pecho. Aunque no sea por hambre (si es por hambre aún con más razón) le ayudará a conciliar el sueño rápidamente a él y a usted.

Se sabe que los niños que toman pecho y duermen con sus madres se despiertan, de media, un poco más que los que no lo toman y no duermen con ellas, pero que sus despertares son de menor duración. Por eso, muchas madres siguen amamantando por la noche: «Puede que el niño reclame el pecho, pero casi no me entero».

Y ¿por qué los lactantes que duermen con mamá se despiertan más? Suponemos que el olor de la leche (o de la madre) o la simple presencia de su progenitora activan en el niño señales. El niño responde a esas señales con un: «Bueno, ya que estoy aquí voy a mamar un poquito».

Para estos casos, hay autores que recomiendan que el niño duerma acompañado, pero al lado del padre. En este caso, el niño se siente igual de acompañado pero no reclama tanto pecho (recuerde que tan sólo es para niños mayores de seis meses) y, cuando se despierte por la noche reclamando su alimento, puede traspasarlo a su madre con sólo desplazarlo en la cama.

Intente no saltar de un paso a otro hasta no tener adquirido el anterior o, al menos, hasta notar una mejora significativa. Por ejemplo, en un niño al que le cuesta más de una hora conciliar el sueño no hace falta que se duerma en quince minutos para pasar al siguiente paso, es suficiente que lo haga en la mitad de tiempo. Eso sí, no dé ese paso como adquirido completamente y siga evaluándolo.

Deje una semana entre cada apartado y vaya evaluándola respecto a estas tablas.

FICHA DE EVALUACIÓN

Instrucciones:

- Antes de evaluar cada paso por primera vez, lea con detenimiento las explicaciones de cada uno, que están en las páginas anteriores.
- Para trabajar esta ficha, mejor haga una copia en tamaño DIN-A4.

PASO 1 — Sea realista

Edad del niño ______________ años ______________ meses
Horas que puede dormir de día __________________ (mire la tabla 2)
Despertares esperables por la noche _______________ (sea razonable)

PASO 2 — Registro de sueño

Sombree los momentos en que duerme su hijo y marque con una ↑ el momento de acostarse y con una ↑ el de levantarse.

22	23	24	1	2	3	4	5	6	7	8	9	10	11	12	13	14	15	16	17	18	19	20	21

PASO 3 — Alteraciones y trastornos

¿Tiene parasomnias? No (continúe al paso 4)
Sí (intente solucionarlas antes de continuar o sea tolerante con los despertares de su hijo/a)

¿Tiene apneas? No (continúe al paso 4)
Sí (intente solucionarlas antes de continuar o sea tolerante con los despertares de su hijo/a)

¿Ha sufrido algún cambio de horario brusco (viaje, reducción del nº de siestas, entrada en la guardería…)?
No (continúe al paso 4)
Sí (intente solucionarlas antes de continuar o sea tolerante con los despertares de su hijo/a)

PASO 4 — Ritmo circadiano

A) ¿Mi hijo se acuesta por la noche a la misma hora más o menos?
Sí ¿Cuál?__________
No Busque la más frecuente o haga la media: ______

B) ¿Mi hijo se levanta a la misma hora más o menos?
Sí ¿Cuál?__________
No Busque la más frecuente o haga la media: ______

C) 1ª siesta le acostaremos a ________________
2ª siesta le acostaremos a ________________
(si sólo hace una siesta ignore la 2ª línea, y si no hace, ignore este apartado)

Evalúe los pasos del 5 al 12 según esta tabla. Tan sólo debe responder sí/no a las preguntas. Intente buscar distintos colores para cada respuesta (p.ej. azul para sí y rojo para no).

		1	2	3	4	5	6	7	8	9	10
Paso 5	Paso tiempo con mi hijo										
	No tengo prisa en acostarle										
	Nuestros horarios están adaptados										
	Disfruto de ese momento										
	Hay demasiada tensión en casa										
Paso 6	Cumplimos los horarios										
Paso 7	Ya hay sincronía por la noche										
	Ya hay sincronía en las siestas										
Paso 8	Niveles bajos en toda la casa										
Paso 9	¿Es agradable para el niño?										
	¿Es agradable para mí?										
Paso 10	Técnica adecuada										
	Repetición exacta										
Paso 11	Evalúo los despertares										
Paso 12	Lo atiendo pronto										
	Sigo las técnicas elegidas										

Al cabo de 10 días, si la mayoría de respuestas son positivas (si no lo son, revise su implicación antes de continuar), evalúe al niño con un registro y responda:

1. Duerme en los periodos pactados:

   sí hay mejoría no

2. Desciende el nº de despertares o hay un periodo de 5h sin ellos:

   sí hay mejoría no

3. Duerme al día las horas adecuadas a su edad:

   sí hay mejoría no

- Si las tres respuestas son positivas: ¡Enhorabuena!
- Si las tres respuestas (o la mayoría) son positivas o hay mejoría: continúe diez días más (y así sucesivamente) hasta la solución total.
- Si las tres respuestas (o la mayoría) son negativas: inténtelo 10 días más por si su hijo tuviera más dificultad y, si sigue sin ninguna mejoría, llévelo a un especialista por si hubiera algún problema que se le hubiera pasado por alto.

Resumen del capítulo 5

- Aunque no haga nada, todo niño sano dormirá sin interrupciones algún día.
- La lactancia ayuda doblemente al niño a conseguir el sueño: por una parte, por la propia composición de la leche, y por otra debido al relajante contacto con la madre y a la succión calmante.
- También la lactancia favorece a la madre, ya que hormonalmente le ayuda a dormirse con más facilidad.
- El colecho beneficia tanto a la madre como al hijo. Gracias a él el regreso al sueño después de un despertar es más corto en ambos casos. También ayuda al bebé a sincronizarse con la madre y a pasar de un estadio a otro del sueño con más facilidad.
- Es necesario practicar un colecho seguro, por lo que deben observarse unas reglas sencillas.
- La actitud positiva y responsiva de la madre hacia el niño crea en el menor una tranquilidad que le ayuda a abandonarse al sueño.
- La correcta vinculación madre-hijo diluye la ansiedad por la supervivencia en el niño, lo que le permite concentrarse en conductas más pausadas y más rítmicas (entre ellas el dormir).
- El ser realistas en cuanto a las horas que puede dormir un bebé (o en el número de sus despertares), y el estar atento a las señales del niño cuando tiene sueño evitarán problemas posteriores.

- Nuestra «guía para padres desesperados» únicamente pretende dar ideas para que todos tengamos noches más felices.

Epílogo

¿Es que acaso se nos dará la vida dos veces?
Pues ¿cómo es que me duermo sin ceñirte entre mis brazos?

OTOMO YAKAMOCHI (Japón, 718-785)

Dormir a un niño es un arte que se ha perdido. Antiguamente, ese saber se transmitía de madres a hijas en forma de canciones de cuna que han llegado hasta nosotros. Esas mujeres no se preocupaban por el sueño de sus hijos porque sabían qué había que hacer, y también sabían que el tiempo haría el resto. Y así ha sido hasta hace poco.

Pero ahora ya no se cantan nanas, ahora las madres no sabemos qué hacer ante un niño que no se duerme. Y cuando sabemos qué hay que hacer, resulta que eso conlleva tiempo, un tiempo que no tenemos.

Creado el problema, se buscan soluciones. Soluciones que no pueden pasar por las horas dedicadas a los niños (las cuales no tenemos) ni por las nanas (las cuales hemos olvidado). No pudiendo hacer nada nosotros, esperamos que el niño lo haga todo y se duerma solo sin volverse a despertar en toda la noche.

Pero lo que en un primer momento apareció como mágica solución, ha demostrado ser una fuente de problemas secundarios, por ello muchos profesionales han empezado a poner en tela de juicio unas prácticas que, aunque a veces funcionen, pueden dejar secuelas que van contra el primer principio de toda actuación en la salud: «Primun non noccere».[1]

---

[1] Se podría traducir: «Primero no dañar».

No obstante, hemos de dar otro paso y, aunque estas prácticas no fueran nocivas para la salud mental del niño, hay métodos que no deberían utilizarse con ningún ser humano (y menos con un menor). La repulsa a estas formas de trato infantil no viene determinada por las consecuencias que provocan, sino por cuanto atentan a la dignidad del niño como persona. Hemos de seguir creyendo en un mundo en el que el fin no justifica los medios. Esta idea fue expresada muy felizmente por George Orwell:

> «El valor de un niño concebido no radica en la eficacia de lo que realiza, sino en la dignidad de lo que posee: su propia identidad.»

De ahí la idea de nuestros consejos respetuosos con los niños. Consejos que no creemos necesarios porque sabemos que éstos terminarán durmiendo de una forma acorde a nuestra cultura; si bien pueden ser de utilidad para aquellos padres más desesperados.

Estos consejos han servido para que *todos* los niños con los que se probaron mejoraran, aunque tan sólo el 60% consiguió el 100% de lo deseado por sus padres a corto plazo. *No es un problema de método, porque no hay ningún método.* Es que cada niño tiene una adaptación diferente al medio y a los estímulos externos. Denle tiempo.

Dado que muchos de los problemas de sueño en los niños son provocados por elementos externos al niño (falta de contacto con los padres, horarios no compatibles con las necesidades del bebé...), deberían siempre evaluar este aspecto antes de iniciar ninguna acción. Las tensiones en el hogar son uno de los factores que más estrés produce al bebé.

Y por último: *cada bebé es irrepetible*. Lo que funciona en uno, no funciona ni en su hermano. Desconfíe de métodos iguales para todos y mire a su hijo. Él le dirá en cada momento de su vida lo que necesita. Algunos padres aún creen que los bebés nacen sin instrucciones. ¡Mentira! ¡Ellos son las instrucciones! Sígalas al pie de la letra.

Bibliografía

AINSWORTH, M., «Attachment beyond infancy», *American Psychologist*, 44, 1970, pp. 709-716.

AJURIAGUERRA, J. de, *Manual de psiquiatría infantil*, Masson, Barcelona, 1977.

ALUJA, A., *Personalidad desinhibida, agresividad y conducta antisocial*, PPU, Barcelona, 1991.

ANDERS, T. F., «Night-walking in infants during the first year of life», *Pediatrics*, 63, 1979, pp. 860-864.

BARUDY, J., y Dantagnan, M., *Los buenos tratos a la infancia. Parentalidad, apego y resiliencia*, Editorial Gedisa, Barcelona, 2005.

CHALLAMEL, M. J., y THIRION, M., *Mi hijo no duerme*, Obelisco, Barcelona, 2003.

CHECKLEY S., «The neuroendocrinology of depression and cronic stress», *Br. Med. Bull*, 52 (3), 2003, pp. 597-617.

CORBELLA, J. CARBONELL, E. MOYÁ, S. y SALA R., *Sapiens. El llarg camí dels homínids cap a la intel.ligencia*, Edicions 62, Barcelona, 2000.

CYRULNIK, B., *Los patitos feos. La resiliencia: una infancia infeliz no determina la vida*, Gedisa, Barcelona, 2002.

DADERMAN, A. M., y LIDBERG, L., «Relapse in violent crime in relation to cerebrospinal fluid monoamine (5-HIAA, HVA and HMPG) in male forensic psychiatric patients convicted of murder: a 16- years follow-up», *Acta Psychiatrica Scandinavica*, 106 (supl. 412), 2002, pp. 71-74.

DEBRÉ, R., y DOUMIC, A., *Le sommeill de l'enfant avant trois ans*, P.U.F, París, 1959.

ECHEBURÚA, E., y GUERRICAECHEVARRÍA, C., *Abuso sexual en la infancia: víctimas y agresores*, Ariel, Barcelona, 2000.

ESTIVILL, E., *Método Estivill. Guía rápida para enseñar a dormir a los niños*, Plaza & Janés, Barcelona, 2000.

— y Béjar, S. de, *Duérmete niño*, Plaza & Janés, Barcelona, 1995.

FERBER, R., *Solucione los problemas de sueño de su hijo*, Medici, Barcelona, 1993.

FLORES GUEVARA, R., «El sueño en el feto», *Revista de la Asociación Ibérica de Patología del Sueño*, vol. 12, 1, 2000.

FREUD, A., *Le normal et le pathologique chez l'enfant*, P.U.F, París, 1965.

GÓNZALEZ, C., *Bésame mucho: Cómo criar a tus hijos con amor*, Temas de Hoy, Madrid, 2003.

HALE, T. W., *Medicamentos y lactancia materna*, Emisa, Madrid, 2002.

HASLAM, D., *Trastornos del sueño infantil*, Martínez Roca, Barcelona, 1985.

HOFER, M. A., «Early social relationship: a psycobiologist's view», *Child Development*, vol. 58, 1987, pp. 633-647.

HOST, A., «Importance of the first meal on the development of cow's milk allergy and intolerance», *Allergy proceedings*, 12 (4), 1991, pp. 227-232.

HOWWIE, P. W. *et al.*, «Protective effect of breast feeding against infection», *British Medical Journal*, 300, 1990, pp. 11-16.

ILLINGWORTH R. S., STONE D. G. H., «Self-demand feeding in a maternity unit», *Lancet*, I (6710), 1952, pp. 683-687.

KLOET, E. R., «Hormones, Brain and stress», *Endoc. Regul.*, 37, 2, 2003, pp. 51-68.

LIEDLOFF, J., *El concepto del continuum. En busca del bienestar perdido*, Ob Stare, Madrid, 2003.

LOZOFF, WOLF y Davis, «Sleep problems in pediatric practice», *Pediatrics*, 75, 1985, pp. 477-483.

MARTINES, J. C., ASHWORTH, A. y KIRKWOOD, B., «Breast-feeding among the urban poor in southern Brazil: reasons for termination in the first 6 months of life», *Bulletin of the World Health Organization*, 67(2), 1989, pp. 151-161.

MAUSE, Ll., de, *Historia de la infancia*, Alianza Editorial, Madrid, 1991.

MCKENNA, J. J., y MOSKO, S. S., «Sleep and arousal, syncrony and independence, among mothers and infants sleeping apart and together (same bed). An experiment in evolutionary medicine», *Acta Pediátrica*, supl. 397, 1994, pp. 94-102.

MILBERG, F. y GEROLD, I., «Dificultad para conciliar el sueño y despertares nocturnos como motivo de consulta pediátrica», *Arch. Argent. Pediatr.*, 99 (6), 2001, pp. 503-509.

MILLER, A., *Por tu propio bien. Raíces de la violencia en la educación del niño*, Tusquets, Barcelona, 2001.

MOORE, M. S., «Disturbed attachment in children: a function in sleep disturbance, altered dream production and immune dysfunction. Not safe to sleep: Chronic sleep disturbances in anxious attachment», *J. Child. Psychotherapy*, 15, 1989, pp. 99-111.

NESSE, R. M., y Williams, G. C., (1995) *Evolution and healing: The new science of darwinian medicine*, Weindenfeld & Nicolson, Londres, 1995.

NYLANDER, G., *Maternidad y lactancia. Desde el nacimiento hasta los seis meses*, Granica, Barcelona, 2005.

PÉREZ-ESCAMILLA, R. *et al.*, «Determinants of lactation performance across time in an urban population from

Mexico», *Social Science and medicine*, 37 (8), 1993, pp. 1069-1078.

RICHARDS, M. y BERNAL, J., «Why some babies don't sleep», *New Society*, 28, 1974, pp. 509-511.

RICHMAN, N., «A community survey of characteristics of one to two years-old with sleep disruptions», *Journal of American Academy of child psychiatry*, 20, 1981, pp. 281-291.

SADEH, A «Stress, Trauma, and Sleep in Children», *Child and Adolescent Psychiatric Clinics of North América*, 5 (3), 1996, pp. 685-700.

—, HAYDEN, R. M., MCGUIRE, J. *et al.*, «Somatic, cognitive and emotional characteristics of abused children hospitalized in a psychiatric hospital», *Child. Psychiat. Hum. Dev.*, 24, 1994, pp. 191-200.

SANJUÁN, J. y CELA, C. J., *La profecía de Darwin: del origen de la mente a la psicopatología*, Barcelona, Ars Médica, 2005.

SASSIN, J., PARKER, D., MACE, J. y cols., «Human growth hormone release. Relation to slow wave sleep and sleep waking cycles», *Science*, aug. 1, 165 (892), 1969, pp. 513-515.

SELIGMAN, M., *La auténtica felicidad*, Vergara, Barcelona, 2003.

SHAPIRO, F., *EMDR*, Pax, México, 2004.

SIFFRE, M., *Expériencies hors du temps*, Fayard, 1972.

SLAVEN, S. y HARVEY, D., «Unlimited suckling time improves breast feeding», *Lancet*, I (8216), 1981, pp. 392-393.

SMALL, M. F., *Nuestros hijos y nosotros*, Vergara, Barcelona, 1999.

SUOMI, S. J., *Long term effects of different early rearing experiences on social, emotional, and physiological development in nonhuman primates*., en Keshavan, M. Murray, R. (eds.), *Neurodevelopment & adult psicopathology*, Cambridge University Press, Cambridge, 1997.

TAYLOR, S. E., *Lazos vitales. De cómo el cuidado y el afecto son esenciales para nuestras vidas*, Taurus, Madrid, 2002.

UNO, H. y cols., «Hippocampal damage associated with prolonged and fatal stress in primates», *Journal of Neuroscience*, 9 (5), 1989, pp. 1705-1711.

VALMAN, H. B., *ABC de uno a siete años*, Áncora, Barcelona, 1982.

—, *Sleep problems*, BMJ, 1981.

VV. A.A., «Lactancia materna: guía para profesionales», *Monografías de la* AEP, 5, 2004.

—, *DSM-IV Manual diagnóstico y estadístico de los trastornos* mentales, Barcelona, Masson, 2002.

WITTCHEN, H. U. *et al.*, «Depressive episodes-evidence for a casual role of primary anxiety disorders», *Eur. Psychiatry*, 18 (8), 2003, pp. 384-393.

YEHUDA, R., «Biology of posttraumatic stress disorder», *Journal of Clinical psychiatry*, 2000, 61 (suppl. 7), pp. 14-21.